Civilización o barbarie

Civilización o barbarie

La batalla por el futuro de la humanidad

Alán Barroso

Papel certificado por el Forest Stewardship Council®

Primera edición: abril de 2026

Printed in Spain – Impreso en España

ISBN: 978-84-666-7864-3
Depósito legal: B-1.291-2026

Compuesto en Llibresimes

Impreso en Black Print CPI Ibérica
Sant Andreu de la Barca (Barcelona)

BS 7 8 6 4 3

ÍNDICE

Mil máquinas jamás podrán hacer una flor.

Anónimo

El progreso es la realización de utopías.

Oscar Wilde

INTRODUCCIÓN

Lo importante no es cuánto tiempo estás cayendo, sino cómo aterrizas.

La Haine (1995),
MATHIEU KASSOVITZ

La Haine es una película francesa que comienza con una voz en *off* que narra la historia de un hombre que se precipita desde un piso 50. El tipo, según va cayendo, repite sin cesar para tranquilizarse: «De momento todo va bien, de momento todo va bien». Nosotros somos ese tipo.

Viajamos a toda velocidad montados en un coche de última generación pisando el acelerador como si nos fuese la vida en ello. Nuestra única obsesión es ir más rápido, llegar más lejos. Pero desde hace tiempo los mapas ya nos advertían de que, si seguíamos a la misma velocidad y en la misma dirección, acabaríamos llegando a un precipicio, no podríamos girar y terminaríamos despeñados. Ahora ya no hace falta que nos lo digan los mapas: ya vemos el precipicio en el horizonte. De hecho, algunos ya se están precipitando por él. Pero nosotros preferimos seguir pisando el gas.

De momento todo va bien, de momento todo va bien.

Si la historia de nuestro mundo fuese una película, los humanos solo apareceríamos en los últimos segundos para provocar el desenlace. De los millones de años que lleva existiendo la Tierra, nosotros solo llevamos siendo verdaderamente relevantes desde hace apenas diez mil años, que sepamos. Lo que es casi un ridículo suspiro en la historia de nuestro planeta. Y de esos diez mil años, en tan solo doscientos hemos acelerado el final de todo.

Somos como niños que, tras encontrar un libro milenario, decidimos garabatear sus últimas páginas sin comprender que cada hoja contiene la sabiduría acumulada de épocas enteras.

El apocalipsis ya no necesita jinetes: tiene algoritmos, tiene microplásticos, tiene la temperatura del planeta subiendo como la fiebre de un enfermo terminal. Y mientras tanto, nosotros, adictos a la dopamina de las notificaciones, consumimos el fin del mundo en dosis de 280 caracteres. Cada crisis es «la más importante de la historia» hasta que llega la siguiente, diez minutos después. Vivimos en un estado de emergencia permanente que, de tan permanente, ya ni siquiera nos alarma.

Un revolucionario ruso dijo que hay décadas en las que no pasa nada y semanas en las que pasan décadas. Pero nosotros hemos roto esa ecuación: vivimos en un presente perpetuo donde todo sucede y nada cambia, donde cada segundo contiene el peso de un siglo pero se evapora antes de que podamos procesarlo. El futuro se ha convertido en una amenaza de la que huir; el pasado, en un trauma del que escapar o que idolatrar acríticamente; y el presente, en una cárcel de urgencias que nunca terminan de ser importantes porque siempre hay una nueva esperándonos a la vuelta de la esquina.

Es el gran espectáculo de la civilización tardía: nos hemos convertido en espectadores de nuestra propia extinción, comentaristas profesionales del desastre, expertos en diagnosticar la enfermedad mientras rechazamos cualquier cura que implique cambiar nuestra forma de vida. Porque eso es lo verdaderamente aterrador: no es que no sepamos lo que está pasando; lo sabemos perfectamente y hemos decidido que el precio de salvarnos es demasiado alto si implica tomar ciertas decisiones. Y así, mientras el mundo arde, nosotros debatimos sobre el color de las llamas.

Civilización o barbarie

Empecemos por el final: la barbarie está ganando.

No la barbarie de las hordas salvajes y el caos que imaginaban nuestros antepasados. La nuestra es más sofisticada: viste traje de marca, cotiza en bolsa y tiene cuenta en Islas Caimán. La nuestra destruye el planeta con hojas de cálculo, mata con algoritmos y celebra la miseria ajena con champán francés.

En Silicon Valley diseñan aplicaciones para que no tengas que mirar a los ojos al repartidor que te trae la cena. En Davos discuten el futuro de la humanidad sin ningún humano que gane menos de seis cifras. En las salas de juntas se aplaude cuando sube la acción después de despedir a miles de empleados. Esta es la nueva barbarie: eficiente, optimizada y con excelente marketing.

Durante siglos, «civilización o barbarie» fue el mantra favorito del colonialismo. Era la coartada perfecta: nosotros (o nuestras élites, mejor dicho) teníamos catedrales, códigos civiles y cubiertos de plata; los otros tenían recursos naturales y la mala suerte de vivir encima de ellos. El argumento servía igual para bendecir la conquista de América que para justificar el reparto de África en Berlín. Para «pacificar» Argelia o para «democratizar» Irak. Siempre la misma estafa con distinto envoltorio.

La diferencia es que hoy ya no pueden mantener la farsa.

Antes podían disfrazar la barbarie de misión civilizadora; el saqueo, de progreso; el genocidio, de educación. Tenían el monopolio del relato. Pero ahora, con el planeta en llamas, con la desigualdad en máximos históricos, con la democracia convertida en parodia, ya no cuela. La máscara se ha caído. Ya no pueden pretender que la concentración obscena de poder es meritocracia. Ya no pueden fingir que la extracción infinita es crecimiento. Ya no pueden hablar de orden mientras siembran el caos, de estabilidad mientras todo se desmorona, de futuro mientras devoran el presente.

Y, precisamente porque la máscara se ha caído, podemos recuperar estos términos y usarlos con honestidad por primera vez.

Rosa Luxemburgo habló de «socialismo o barbarie» cuando el capitalismo industrial devoraba Europa. Para ella, la disyuntiva era clara: o superábamos el capitalismo o caeríamos en la destrucción mutua. Era una cuestión de sistemas económicos, de lucha de clases, de revolución contra reforma.

Un siglo después, la disyuntiva es a la vez más modesta y desesperada. Ya no estamos debatiendo entre sistemas económicos alternativos. No estamos eligiendo entre revolución o reforma. Estamos en algo mucho más básico: defender los últimos restos de vida civilizada —la posibilidad misma de lo común, de lo público, de lo compartido— frente a una barbarie que avanza sin siquiera necesitar una ideología clara.

Ya no es «socialismo o barbarie». Es algo más elemental: civilización o barbarie. Mantener espacios donde la lógica del beneficio no lo devore todo. Preservar instituciones que todavía funcionen para las personas y no contra ellas. Defender la idea misma de que podemos decidir colectivamente sobre nuestro destino. Son mínimos de supervivencia, no máximos revolucionarios.

El tiempo se agota. Los científicos nos dan una década para cambiar el rumbo del cambio climático. Los economistas (los honestos) advierten de que la próxima crisis hará parecer un juego de niños a la del 2008. Los sociólogos documentan cómo se deshilachan los lazos que nos mantienen juntos. Los fascistas afilan sus cuchillos.

Este libro no es un manual de supervivencia individual. Para eso ya existen miles de gurús vendiéndote cursos para hacerte millonario si eres pobre o refugios nucleares en Nueva Zelanda si eres rico. Este libro trata sobre la única salida real: la colectiva. Porque la civilización no es un lugar al que llegar, sino algo que construimos juntos o no construimos en absoluto.

La pregunta no es si queremos civilización o barbarie. La pregunta es si tendremos el coraje de admitir en cuál estamos viviendo ya, y si tendremos la fuerza para construir la alternativa antes de que sea demasiado tarde.

Y un *spoiler*: es más tarde de lo que crees.

Cruzar el Rubicón

El Rubicón es un río escasamente profundo del nordeste de Italia. Aparentemente es sencillo de cruzar. Un simple paseo de orilla a orilla. Sin embargo, a lo largo de los siglos ha prevalecido la frase «cruzar el Rubicón» para referirnos a un momento decisivo, un paso audaz e irreversible hacia lo desconocido. La expresión se remonta a cuando el Rubicón era un río que ejercía de frontera natural entre Roma y la Galia Cisalpina. Cruzarlo le supuso a Julio César desafiar a Roma y dar un paso hacia lo desconocido. Antes de hacerlo, César contempló las aguas tranquilas del Rubicón, que más que una frontera física se había convertido en una frontera mental, y pronunció las famosísimas palabras que retumbarían en la eternidad de la historia: «Alea iacta est» (la suerte está echada).

Hoy en día, las fronteras siguen estando en nuestras cabezas. Pero cruzamos una media de cinco Rubicones a la semana. Quemamos etapas con una rapidez pasmosa. Esta velocidad vertiginosa de cambio y toma de decisiones plantea una pregunta inquietante: ¿estamos reflexionando de verdad sobre las consecuencias de nuestras acciones o simplemente reaccionando a un mundo que cambia más rápido de lo que podemos procesar? La frecuencia con la que nos enfrentamos a decisiones trascendentales puede estar erosionando nuestra capacidad para distinguir entre lo verdaderamente importante y lo meramente urgente.

Una vez que César cruzó el Rubicón, no solo cambió su propio destino, sino el de toda Roma. La guerra civil que siguió a ese paso transformó la República en un imperio bajo su liderazgo. Esas decisiones, impulsadas por ambiciones y visiones, dieron forma a siglos de historia europea y mundial.

En la actualidad, estamos parados en las orillas de nuestro propio Rubicón metafórico. Vivimos en una era de avances tecnológicos sin precedentes, desafíos medioambientales, cambios sociopolíticos y una interconexión global que determinará el futuro de la humanidad. Las decisiones que tomemos en las próximas décadas no solo definirán nuestro legado, sino también el mundo que dejaremos a las generaciones futuras.

Tomemos como ejemplo la inteligencia artificial. Estamos en un punto donde esta tecnología tiene el potencial de revolucionarlo todo, desde la medicina hasta la economía. Pero ¿cómo la moldeamos? ¿Dejamos que siga su curso sin restricciones o establecemos límites éticos? Al decidir, estamos cruzando nuestro Rubicón tecnológico.

El cambio climático es otro Rubicón ambiental. Con cada tonelada de CO_2 que emitimos, nos acercamos a un punto de no retorno. Las decisiones que tomemos ahora, ya sea para mitigar su impacto o adaptarnos a sus consecuencias, determinarán el futuro de nuestro planeta.

Políticamente, vemos naciones en encrucijadas, lidiando con cuestiones de identidad, soberanía y los derechos fundamentales de sus ciudadanos. Las decisiones de los líderes y sus votantes sobre estos asuntos en este preciso momento están redefiniendo el mapa geopolítico del mundo, un Rubicón más que debemos reconocer y afrontar.

Al igual que César, no podemos prever todas las consecuencias de nuestras acciones. Sin embargo, sabemos que las elecciones hechas en situaciones críticas pueden transformar la trayectoria de la historia. Mientras continuamos nuestro viaje a través de este libro que recién empiezas a leer, debemos reflexionar sobre las encrucijadas a las que nos enfrentamos y cómo nuestras decisiones determinarán el futuro. Porque, como César, una vez que crucemos, no habrá vuelta atrás.

Hobbes vs. Rousseau

El primero al que, habiendo cercado un terreno, se le ocurrió decir «Esto es mío» y encontró gentes bastante simples como para creerle, fue el verdadero fundador de la sociedad civil. ¡Cuántos crímenes, guerras, asesinatos, miserias y horrores habría evitado el género humano si alguien hubiera arrancado las estacas, rellenado la zanja y gritado a sus semejantes: «Guardaos de escuchar a este impostor; estáis perdidos si olvidáis que los frutos son de todos y la tierra de nadie»!

JEAN-JACQUES ROUSSEAU

En una tarde soleada de 1755, Jean-Jacques Rousseau paseaba por el bosque de Saint-Germain cuando tuvo una epifanía que cambiaría el curso del pensamiento occidental. «De repente —escribió más tarde—, me sentí deslumbrado por mil luces». En ese momento de claridad, Rousseau concibió la idea que plasmaría en su famoso *Discurso sobre el origen de la desigualdad entre los hombres*: la noción de que la civilización, lejos de ser un progreso, había corrompido al ser humano.

«Todo se echó a perder —reflexionó Rousseau— cuando el primer hombre cercó un terreno y se atrevió a decir: "Esto es mío"». Con esta frase, el filósofo ginebrino lanzó un desafío a siglos de pensamiento que habían equiparado la civilización al progreso. Rousseau desarmó esa fábula. Mostró que lo que llamábamos progreso podía ser, al mismo tiempo, una nueva forma de esclavitud. Que, bajo el barniz de cultura y leyes, se escondían jerarquías más feroces que cualquier estado natural. Que la civilización no había nacido para proteger a los débiles, sino para blindar la propiedad de los fuertes. En lugar de igualdad, produjo dependencia; en lugar de fraternidad, competencia; en lugar de libertad, cadenas.

Esta visión contrastaba radicalmente con la de Thomas Hobbes, quien un siglo antes había descrito la vida de nuestros antepasados como «sucia, salvaje y breve». Hobbes imaginaba un «estado de naturaleza» brutal, donde la vida era una guerra constante de todos contra todos. Para él, la civilización, aunque implicase fuerza y autoritarismo, era el remedio a esta existencia miserable.

Pero ¿quién tenía razón? ¿Era la civilización la salvadora de la humanidad o su bárbara corruptora? La respuesta, como suele ocurrir, es más compleja de lo que ambos filósofos imaginaron.

A lo largo de la historia, la civilización se ha convertido en sinónimo de paz y progreso, mientras que la vida «salvaje» se ha asociado a la guerra y la decadencia. Sin embargo, la evidencia arqueológica e histórica sugiere que, durante la mayor parte de nuestra existencia como especie, la realidad era justamente la contraria.

Los últimos estudios antropológicos indican que muchas sociedades cazadoras-recolectoras, lejos de vivir en un estado de guerra perpetua, mantenían una existencia relativamente armoniosa y saludable. La agricultura y el surgimiento de las primeras ciudades, de forma paradójica, trajeron consigo nuevas formas de desigualdad y sufrimiento.

En ese sentido, fue la civilización la que trajo el horror. Hasta bien entrado el siglo XIX, al menos tres cuartas partes de la población mundial eran siervos de un hombre poderoso. Más del 90 por ciento de la población trabajaba en el campo bajo duras condiciones y más del 80 por ciento vivía en una situación de extrema pobreza. Como escribió Rousseau: «El hombre nace libre, pero en todas partes vive encadenado».

Durante milenios, la civilización fue, para la gran mayoría de los humanos, un desastre. La aparición de las ciudades, los estados, la agricultura y la escritura trajo más sufrimiento que prosperidad a la gran mayoría de la gente. Si comprimiéramos la historia de la civilización en 24 horas, las primeras 23 horas y 45 minutos habrían sido un martirio colectivo.

Pero, entonces, algo cambió. En los últimos dos siglos —un mero parpadeo en términos históricos—, hemos alcanzado niveles de progreso que habrían parecido milagrosos a nuestros antepasados. En los últimos 15 minutos de nuestro día metafórico de 24 horas, la humanidad ha dado un salto cuántico.

En este breve periodo, hemos acabado con la mayoría de las enfermedades infecciosas (hoy en día, las vacunas salvan anualmente más vidas de las que se habrían salvado en el siglo XX si no hubiera habido ninguna guerra). Somos más ricos que nunca (la cantidad de personas que viven en condiciones de extrema pobreza en el mundo entero ha descendido por debajo del 10 por ciento). Y quizá lo más sorprendente es que vivimos en el periodo más pacífico de la historia. En la Edad Media, un 12 por ciento de la población de Europa y Asia moría de forma violenta. En los últimos cien años, sin embargo, ese dato ha descendido al 1,3 por ciento en todo el mundo, y eso incluyendo una guerra mundial. En la actualidad, en Estados Unidos es el 0,7 por ciento, y en un país como España, que puede ser representativo de Europa, esa cifra está en un mero 0,1 por ciento anual.

Entonces, ¿quién tenía razón, Hobbes o Rousseau? La respuesta es que ambos acertaron en parte y se equivocaron en parte. Hobbes no se equivocaba al ver en la civilización un medio para mejorar la condición humana, pero subestimó la capacidad de las sociedades «primitivas» para vivir en armonía. Rousseau, por otro lado, acertó al criticar las desigualdades y opresiones que la civilización había traído consigo, pero no pudo prever los avances monumentales que estaban por venir.

La lección que podemos extraer de este debate es que la civilización, como cualquier creación humana, es simplemente una herramienta. Puede usarse para oprimir o para liberar, para crear desigualdades o para resolverlas. Por eso el desafío que enfrentamos hoy no debería ser elegir entre civilización o barbarie, sino decidir qué tipo de civilización queremos construir. Y, aunque parezca contraintuitivo, algo de eso aprendimos en la Segunda Guerra Mundial.

El callo de la civilización

El 7 de septiembre de 1940, a las cuatro y media de la tarde, el cielo de Londres se oscureció con algo que no eran nubes. Eran 348 bombarderos alemanes volando en formación perfecta, como una bandada de pájaros metálicos cargados de muerte. Los londinenses que alzaron la vista vieron el sol eclipsado por las alas de la Luftwaffe. Algunos corrieron a los refugios. Otros se quedaron mirando, hipnotizados por el espectáculo de su propia destrucción inminente.

En los despachos del poder, la élite británica contenía la respiración. No por las bombas —esas ya se esperaban—, sino por lo que vendría después. Winston Churchill había calculado que tres o cuatro millones de londinenses huirían despavoridos hacia el campo. Los psiquiatras habían preparado hospitales especiales para las oleadas de enloquecidos que el terror produciría. Los generales temían que Londres se convirtiera en una ciudad devorada por el pánico y saqueada por sus propios habitantes convertidos en bestias.

Todos compartían la misma certeza: bastaban unas cuantas bombas bien colocadas para que el barniz de la civilización se resquebrajara como la cáscara de un huevo. Y debajo esperaba la barbarie, esa vieja conocida del ser humano, lista para salir.

Esto lo explica Rutger Bregman en su libro *Dignos de ser humanos*. Allí muestra cómo Hitler, Churchill, Roosevelt y tantos otros compartían en su momento la misma visión hobbesiana de la naturaleza humana: que bajo el barniz de la civilización se escondía la barbarie, esperando una excusa para salir a la superficie. Se apoyaban en Gustave Le Bon, el famoso psicólogo de las masas que había escrito que, en una emergencia, el ser humano desciende «varios peldaños en la escalera de la civilización» y se abandona al pánico y la violencia. Si las bombas caían, pensaban, la gente se transformaría en hordas salvajes, incapaces de mantener el orden.

Pero lo que sucedió fue exactamente lo contrario. Aquel fatídico día de septiembre de 1940, los bombarderos alemanes cruzaron el canal de la Mancha y descargaron su carga mortal sobre Londres. Aquel «Sábado Negro» marcó el inicio del *Blitz*: nueve meses en los que cayeron más de ochenta mil bombas que dañaron un millón de edificios y causaron más de cuarenta mil muertos. Si alguna situación podía confirmar las profecías de Le Bon, era esa. Sin embargo, lo que los observadores encontraron en las calles de Londres desmentía todos los pronósticos.

El psiquiatra canadiense John MacCurdy, tras visitar un barrio obrero arrasado, describió la escena con sorpresa: «Los niños seguían jugando en las aceras, la gente seguía regateando con los comerciantes, un agente de policía dirigía el tráfico con cara de aburrimiento… Nadie se molestó siquiera en mirar al cielo». Otro testigo relató cómo una pareja tomaba tranquilamente té en su cocina mientras las ventanas vibraban por las bombas. «Ah, no. Y, aunque tuviéramos miedo, ¿de qué nos serviría?», respondieron cuando les preguntaron si estaban aterrorizados.

El humor británico, lejos de evaporarse, se agudizó. En

los escaparates destrozados por las bombas, aparecían carteles: ESTAMOS MÁS ABIERTOS QUE DE COSTUMBRE. En un pub, alguien escribió: NUESTRAS VENTANAS HAN DESAPARECIDO, PERO NUESTRO ÁNIMO ES EXCELENTE. La vida, lejos de paralizarse, siguió adelante con una mezcla de resignación y sorna. Las fábricas continuaron produciendo, los trenes siguieron circulando y, sorprendentemente, los hospitales psiquiátricos levantados para acoger multitud de traumatizados permanecieron vacíos. La salud mental, de hecho, mejoró: bajó el alcoholismo y descendió el número de suicidios.

Bregman lo resume con una paradoja: mientras caían bombas, la civilización no descendía varios peldaños, como predecía Le Bon, sino que ascendía. Se reforzaba. Los londinenses bautizaron la experiencia con un giro casi humorístico: «Hoy ha sido un día muy *blitzy*, ¿verdad?». Y, al terminar la guerra, muchos recordaban con nostalgia aquellos meses de solidaridad, cuando daba igual ser rico o pobre, de izquierdas o de derechas: lo importante era resistir juntos.

El mismo fenómeno se repitió en Alemania, pese a que la propaganda británica insistía en que los alemanes carecían de «vigor moral» y no aguantarían «ni la cuarta parte» de lo que habían soportado los ingleses. Tras el infierno de Dresde, un psiquiatra germano recogió testimonios que hablaban incluso de euforia: «Cuando terminó el bombardeo, me sentía pletórico de energía y me encendí un puro».

Los informes del propio servicio de seguridad nazi confirmaban la misma impresión: solidaridad, calma, vecinos ayudando a vecinos, jóvenes de las Juventudes Hitlerianas sacando heridos de los escombros.

Las investigaciones posteriores fueron concluyentes. Un equipo de economistas aliados descubrió que los bombardeos no solo no habían quebrado la moral alemana, sino que probablemente habían fortalecido la producción bélica: entre 1940 y 1944, la fabricación de tanques se multiplicó por nueve, y la de aviones de combate, por catorce. Lo que se suponía iba a ser la gran arma psicológica resultó un fiasco. «Poco a poco empezamos a comprender que habíamos descubierto uno de los mayores errores de cálculo de la guerra», reconoció un economista estadounidense.

La lección que trata de defender Bregman es clara. Todos —Hitler, Churchill, Roosevelt, los generales y los psicólogos— habían caído en la misma trampa: creer que la civilización es apenas una capa fina que se resquebraja con facilidad. Hobbes, desde su siglo XVII, les habría dado la razón: cuando el miedo golpea, el ser humano se transforma en lobo. Pero la realidad histórica del *Blitz* británico y de los bombardeos alemanes contradijo de lleno esa visión. No emergió la barbarie, sino la cooperación. No apareció el caos, sino la organización espontánea.

Bregman lo formula con una metáfora precisa: la civilización no es un barniz frágil, sino un callo que se endurece con los golpes. A cada bomba que caía, en vez de fracturarse, la sociedad se volvía más resistente. Ese callo no es exclusivo de los británicos, como suele creerse: no es cuestión de «resistencia inglesa», sino de humanidad compartida. Cuando todo se derrumba alrededor, la gente común suele sacar lo mejor de sí misma.

Y, sin embargo, incluso ante la evidencia, los gobiernos decidieron no aprender la lección. Los estrategas aliados siguieron bombardeando ciudades, convencidos de que, aunque Londres hubiera resistido, «los otros» —los alemanes, los vietnamitas después— sí sucumbirían al pánico. Medio siglo más tarde, Estados Unidos lanzó sobre Vietnam tres veces más bombas que todas las que se habían lanzado sobre Alemania. El resultado fue el mismo: resistencia, solidaridad, obstinación.

Este error de cálculo —esta fe irracional en el pánico como motor político— sigue viva hoy. Creemos que un colapso ecológico, una crisis económica, una catástrofe climática desatará lo peor de nosotros, que bastará con un apagón para que la sociedad se convierta en un campo de batalla. Es la sombra de Hobbes todavía sobre nosotros. Pero si algo muestran las ruinas de Londres y Dresde es lo contrario: cuando el mundo tiembla, lo que emerge no es necesariamente la barbarie, sino la humanidad.

En los meses del *Blitz*, una periodista americana escribió en su diario: «No dejan de sorprenderme el valor, el sentido del humor y la amabilidad de la gente ordinaria bajo condiciones que no difieren mucho de una pesadilla». Esa frase podría ser el epitafio de la visión hobbesiana de la civilización.

Porque lo que demostró el siglo xx bajo el fuego fue que no somos tan frágiles como nos gusta creer. Somos más fuertes, más civilizados, más humanos de lo que la élite política y militar estaba dispuesta a admitir. Y tal vez esa sea una de las pocas buenas noticias que nos regala la historia: que, incluso en medio de la tormenta, la civilización puede crecer, no como un barniz delicado, sino como un callo que se endurece con la adversidad.

MIEDO AL FUTURO

Articular los problemas del «fin de mes» con los del «fin del mundo».

PABLO STEFANONI

La izquierda se encuentra con frecuencia encerrada en una lucha por defender al capitalismo tal como es frente al capitalismo tal como amenaza con convertirse.

NICK LAND

Nuestros abuelos soñaban con un futuro mejor. Nuestros padres todavía creían que sus hijos vivirían con mayor comodidad que ellos. Nosotros, en cambio, hablamos del futuro como quien habla de una amenaza. Algo se rompió por el camino: lo que antes era esperanza se ha transformado en miedo.

¿Cómo hemos llegado a este punto? ¿En qué momento el mañana dejó de ser una promesa de progreso para convertirse en una amenaza inminente?

Franco Berardi, en su libro *Después del futuro*, habla de una «lenta cancelación del futuro», un fenómeno que comenzó a gestarse en la década de 1980. Esta era marcó el fin de la idea de progreso tal como la conocíamos. La posmodernidad rompió el vínculo entre futuro y mejora que había sido el motor de la modernidad.

Para entender esta transformación, imaginemos por un momento las expectativas de un trabajador en la década de 1950: el futuro significaba mejores sueldos, mejores condiciones laborales, un horizonte político esperanzador. Había una creencia generalizada en que cada generación viviría mejor que la anterior. Ahora, trasladémonos a una de esas ciudades industriales que fueron el corazón palpitante de ese sueño: las minas están cerradas, los astilleros se han trasladado a miles de kilómetros, los altos hornos han dejado de funcionar. Para la clase trabajadora de estas zonas, el futuro ya no es sinónimo de progreso, sino de lucha para no perder lo poco que queda.

Esta pérdida de fe en el futuro ha tenido un efecto curioso: ha convertido el pasado en el único lugar seguro. La nostalgia, antes considerada una enfermedad, se ha convertido en nuestra droga colectiva. Series de televisión, moda, música… Todo parece mirar hacia atrás, idealizando épocas que, paradójicamente, miraban hacia delante con optimismo.

La filósofa Marina Garcés habla de una «parálisis de la imaginación». Según ella, vivimos en un presente percibido como precario, donde toda idea de futuro se conjuga en pasado. El mañana ya no es una página en blanco llena de posibilidades, sino una amenaza que se cierne sobre nosotros.

Esta visión pesimista del futuro contrasta radicalmente con los grandes proyectos modernos del pasado. Tanto el socialismo como el liberalismo, con todas sus diferencias, compartían un optimismo intrínseco sobre el porvenir. Ambos creían en la relación entre conocimiento y emancipación, en la idea de que el saber nos haría más libres y el mañana sería mejor que el ayer.

Pero ¿qué ha ocurrido con estas grandes narrativas? El teórico Nick Land ofrece una observación interesante: «La izquierda se encuentra con frecuencia encerrada en una lucha por defender al capitalismo tal como es frente al capitalismo tal como amenaza con convertirse». Esta frase captura perfectamente la paradoja de nuestro tiempo: incluso los que antes soñaban con alternativas radicales ahora se encuentran defendiendo un *statu quo* imperfecto frente a un futuro que parece aún peor.

El resultado es una sociedad atrapada entre la nostalgia de un pasado idealizado y el miedo a un futuro incierto.

Nos hemos convertido en arqueólogos de nuestros propios recuerdos, buscando consuelo en una versión romantizada del ayer mientras nos negamos a imaginar el mañana.

Pero ¿es esta actitud sostenible? ¿Podemos construir un futuro mejor si nos negamos siquiera a imaginarlo?

La ironía es que vivimos en una época de avances tecnológicos sin precedentes. Tenemos a nuestra disposición herramientas que nuestros antepasados habrían considerado mágicas. Hoy un niño con teléfono móvil en una aldea centroafricana tiene más información disponible al instante que el presidente de Estados Unidos en los años noventa. Y, aun así, parecemos incapaces de utilizarlas para proyectar un futuro deseable.

Seguramente el verdadero desafío de nuestro tiempo no sea tecnológico, sino imaginativo. Necesitamos recuperar la capacidad de soñar, de proyectar futuros que no sean meras extrapolaciones de nuestros miedos presentes. Necesitamos, en definitiva, superar la «parálisis de la imaginación» de la que habla Garcés.

Porque el futuro, ese gran desconocido que tanto tememos, no es algo que nos suceda. Es algo que construimos con cada decisión, con cada acción, con cada sueño que nos atrevemos a soñar. Y quizá, solo quizá, si nos atrevemos a imaginarlo de nuevo como un lugar de posibilidades en lugar de amenazas, podamos empezar a construir un mañana que valga la pena vivir.

La gran renuncia imaginativa

Jeff Bezos diseña cohetes para escapar de la Tierra mientras Amazon calcula cuántos segundos puede aguantar un trabajador sin orinar. Elon Musk promete ciudades en Marte mientras sus fábricas devoran el litio de los desiertos sudamericanos. Mark Zuckerberg vende mundos virtuales mientras los algoritmos de Meta destruyen democracias reales. No es casualidad: colonizaron el futuro porque nosotros dejamos de disputarlo.

Alejandro Galliano lo formuló con gran claridad: «El error fue dejar de soñar nosotros, regalarle el futuro a un puñado de millonarios dementes por vergüenza a sonar ingenuos o totalitarios». Ahí está la herida. Durante décadas, mientras la izquierda se refugiaba en la nostalgia o se conformaba con administrar las migajas del presente, el capital se apropió del monopolio narrativo del mañana. Y ahora nos alquila la imaginación a precio de burbuja especulativa.

Hubo un momento preciso en que dejamos de soñar. No fue un decreto, fue un goteo. Cayó el Muro de Berlín y con él cayeron también las ganas de imaginar alternativas. Francis Fukuyama decretó el fin de la historia y nosotros, idiotas, le creímos. La izquierda occidental entró en modo supervivencia: mejor parecer responsables que utópicos, mejor gestionar que transformar, mejor un mal acuerdo que una buena pelea. Tony Blair sonreía mientras privatizaba ferrocarriles. Felipe González modernizaba España cerrando fábricas. La socialdemocracia se convirtió en el departamento de recursos humanos del capitalismo.

Mientras tanto, Silicon Valley se apropió del lenguaje de la transformación. Disrupción, innovación, cambio de paradigma: todos los verbos que antes conjugaba la política progresista fueron secuestrados por el mercado. Steve Jobs no vendía ordenadores, vendía revoluciones. Google no espiaba, liberaba información. Facebook no fragmentaba sociedades, conectaba personas. El futuro dejó de ser un horizonte político para transformarse en un producto de consumo.

La trampa fue perfecta. Cada vez que alguien proponía cambios estructurales —redistribución de la riqueza, vivienda para cada familia o sanidad universal y gratuita— aparecía el coro de los sensatos: «No seamos populistas», «Hay que ser realistas», «Eso ya se intentó y fracasó». Pero cuando un multimillonario con más dinero que neuronas promete chips cerebrales, coches voladores o colonias marcianas, los mismos sensatos aplauden la visión emprendedora. La audacia se privatizó. La prudencia se socializó.

El resultado es este presente absurdo donde los únicos con derecho a soñar son los que pueden pagárselo. El futuro ha pasado a ser un club privado con lista de espera. Y nosotros, los mortales, contemplamos desde fuera cómo diseñan el mundo en el que vivirán nuestros hijos. O mejor dicho: el mundo en el que sobrevivirán.

La batalla por el relato

La utopía está en el horizonte. Camino dos pasos y ella se aleja dos pasos. ¿Para qué sirve la utopía? Para eso: para caminar.

Eduardo Galeano

El futuro ya no es lo que era. Pero eso significa que podemos inventarlo de nuevo.

Franco «Bifo» Berardi

Mark Fisher hablaba del «realismo capitalista» resumido en la idea de que es más fácil imaginar el fin del mundo que el fin del capitalismo. Pero Fisher escribía antes de la pandemia, antes de que viéramos al Estado movilizar miles de millones de la noche a la mañana, antes de que comprobáramos que sí se puede parar la máquina, que sí se puede cambiar todo cuando hace falta.

El problema no es la falta de alternativas. El problema es la falta de narrativa. Los millonarios dementes tienen una historia que contar: el héroe emprendedor, la disrupción salvadora, el progreso tecnológico infinito. ¿Cuál es la nuestra?

No puede ser solo resistencia. No puede ser solo nostalgia. Tiene que ser propuesta. Y tiene que ser hermosa. Tan hermosa como para que la gente quiera vivir en ella.

Imaginemos el relato. Olvida lo de «es 2050 y estamos en Marte». Es 2050 y estamos en la Tierra, pero en una Tierra habitable. Las ciudades respiran porque hay más árboles que coches. Los ríos vuelven a ser transparentes porque las fábricas funcionan en circuito cerrado. La energía es tan abundante y limpia que nadie la menciona, como ahora nadie menciona el aire.

Los niños van al colegio a aprender, no a competir. Los ancianos viven en el centro de los barrios, no en las periferias del olvido. La gente trabaja menos días y nadie muere de hambre. Hay tiempo para aburrirse, que es cuando nacen las ideas. Hay espacio para fracasar, que es cuando se aprende.

No hay multimillonarios porque hay un techo de riqueza, igual que hay un sueldo mínimo. No hay indigentes porque la vivienda es un derecho, como la sanidad. No hay refugiados climáticos porque actuamos a tiempo, juntos.

¿Suena ingenuo? Claro. Igual de ingenuo que sonaba el sufragio universal, la seguridad social, el fin de la esclavitud. Todas las conquistas civilizatorias sonaron ingenuas hasta que dejaron de serlo. La ingenuidad no es creer que el mundo puede cambiar. La ingenuidad es creer que puede seguir como está. Porque ya vivimos en el mundo que temíamos.

Ya vivimos en el mundo que temíamos

> La ciencia ficción es un escenario del presente, no del futuro.
>
> Ursula K. Le Guin

En las décadas de los años ochenta y noventa, la cultura popular estaba fascinada con visiones distópicas de un futuro apocalíptico. Novelas y películas como *Mad Max*, *Terminator* o *El cuento de la criada* exploraban futuros devastados por la tecnología desbocada, la degradación ambiental, el autoritarismo político o la desigualdad social. Nos ponían frente al espejo de una manera entretenida un futuro distópico que, por lo lejano y absurdo que resultaba, nos divertía ver desde la distancia de una pantalla de televisión o desde las páginas de los libros. Sin embargo, la ficción se ha ido acercando poco a poco a la realidad: aquellos escenarios inverosímiles que nos entretenían en el pasado han viajado al futuro con nosotros y han aparecido en la puerta de nuestras casas.

Esos escenarios de tecnología desbocada que ponían en un aprieto a los humanos ya no están tan lejos. La degradación ambiental ha dejado de ser tan solo una advertencia para comenzar a ser un peligro real. El autoritarismo político está en una carrera ascendente. Y la desigualdad social se ha exacerbado hasta unos niveles que habrían resultado poco creíbles hasta para una película de los ochenta. De alguna manera, ya vivimos en el mundo que temíamos desde la distancia de las películas. Desgraciadamente, muchas de estas visiones apocalípticas parecen haberse filtrado hasta nuestro presente, dibujando un cuadro que, a veces, es difícil de distinguir de aquellas oscuras fantasías. Pongo algunos ejemplos:

Supervillanos que viajan al espacio

En los cómics de los ochenta, el villano más caricaturesco soñaba con dominar la Tierra desde una base lunar. Hoy esos delirios se han materializado en cohetes con logo corporativo. La carrera espacial que en el siglo xx era un pulso entre Estados Unidos y la URSS, una cuestión de orgullo nacional y geopolítica, ha mutado en un capricho de multimillonarios. Jeff Bezos, Elon Musk o Richard Branson han convertido el espacio en un parque temático para superricos. Lo inquietante no es que viajen unos minutos fuera de la atmósfera, es el mensaje implícito: el futuro de la humanidad ha dejado de jugarse en proyectos colectivos para hacerlo en los bolsillos de quienes sueñan con escapar de la Tierra en lugar de arreglarla. El imaginario de la película *Elysium* —ricos orbitando en estaciones de lujo mientras la Tierra se hunde en la miseria— ya no parece ciencia ficción, sino un ensayo general.

Millonarios que viven aislados en un mundo aparte

Mientras la mayoría de la población trata de sobrevivir en un planeta en crisis, las élites económicas invierten fortunas no en mejorar el mundo, sino en blindarse de él. Es lo que algunos académicos llaman la «secesión de los ricos»: un proyecto silencioso de emancipación no frente al Estado o la ley, sino frente a la propia humanidad. Su imaginación no está puesta en cómo evitar el colapso de la civilización, sino en cómo sobrellevarlo cómodamente.

Las cifras hablan por sí solas: en los últimos años, la venta de búnkeres de lujo se ha disparado. Empresas como Rising S Company en Texas o Oppidum en Europa ofrecen refugios subterráneos con salas de cine, gimnasios y despensas para décadas, diseñados para resistir pandemias, revueltas sociales o catástrofes climáticas. Para los multimillonarios, es más fácil imaginar el armagedón que el fin del capitalismo: no contemplan un mundo distinto, solo contemplan un mundo roto en el que ellos sobreviven.

La fantasía de independencia absoluta va más allá de los refugios blindados. Algunos, como Peter Thiel, sueñan con ciudades flotantes en aguas internacionales, plataformas que les garanticen soberanía propia, fuera de cualquier sistema fiscal o democrático. No quieren reformar la sociedad: quieren prescindir de ella. La distopía no es un futuro posible, es un plan de negocios.

El apocalipsis climático

Las imágenes de Australia en llamas, España devorada por incendios o Canadá envuelto en humo rojo parecían *storyboards* descartados de *Mad Max*. El deshielo del Ártico es tan rápido que incluso los inversores calculan nuevas rutas comerciales al norte de Siberia, como si la catástrofe fuese una oportunidad. Los refugiados climáticos, que la ONU calcula en decenas de millones, son el tráiler de un mundo donde la supervivencia básica —agua, aire respirable, sombra— será el bien más disputado.

Drones asesinos y robots militares con IA

En los ochenta, *Terminator* imaginaba a Skynet declarando la guerra a la humanidad. Hoy esa distopía ya no es ficción: la guerra se ha transformado en un escenario donde las máquinas deciden cada vez más. El barro de las trincheras ha sido sustituido por operadores a miles de kilómetros que, frente a una pantalla, convierten la muerte en coordenadas GPS. En Ucrania, enjambres de drones baratos destrozan blindados en cuestión de segundos. En Gaza, algoritmos con nombre bíblico, como Habsora (el evangelio), marcan con inteligencia artificial objetivos humanos aun sabiendo que siempre hay margen de error. La vida reducida a una probabilidad matemática.

Mientras tanto, hay robots cuadrúpedos, como los de

Boston Dynamics, que caminan y patrullan con la estética de una pesadilla futurista. De momento, son prototipos, pero ya se prueban con armas acopladas. La guerra del presente es un videojuego letal, donde la distancia física se convierte en distancia moral. El imaginario de *Black Mirror* ya se confunde con los informes de Amnistía Internacional.

Ejércitos privados y barcos prisión

En *Mad Max*, la supervivencia estaba en manos de bandas violentas y señores de la guerra. En nuestro presente, son las corporaciones las que contratan ejércitos privados —de Wagner en Rusia a Blackwater en Irak— y estados europeos que externalizan la violencia en el mar con barcos convertidos en prisiones flotantes para inmigrantes. La distopía ya no es un futuro posible: se paga con facturas firmadas hoy por gobiernos democráticos.

Los zombis del presente

No hace falta un virus letal a lo *The Walking Dead*. Nuestros zombis se mueven ya entre nosotros: cuerpos devastados por el fentanilo en las calles de Estados Unidos, adictos a anfetaminas baratas en Europa del Este, jóvenes que no levantan la mirada de una pantalla durante horas en nuestro día a día. Un ejército de consumidores exhaustos, dopados por drogas legales e ilegales, perfectamente integrados en el engranaje de un capitalismo que transforma la anestesia en negocio.

La pregunta que nos queda es: ¿cómo hemos llegado a este punto? ¿En qué momento las advertencias de la ciencia ficción se convirtieron en nuestro presente? Y más importante aún: ¿qué podemos hacer ahora que ya vivimos en el mundo que tanto temíamos? Pero esto no es todo.

Nuestra débil atención

Las mejores mentes de mi generación están pensando en cómo hacer para que la gente clique en sus anuncios; es muy triste.

Jeff Hammerbacher,
jefe del equipo de datos de Facebook

La mente demasiado activa no es mente en absoluto.

Theodore Roethke

Dory es un simpático pez cirujano azul que aparece en la célebre película infantil *Buscando a Nemo* (2003) cuyo principal atributo era su corta memoria. Cada pocos segundos, olvidaba todo lo que sabía y, por lo tanto, era muy difícil captar su atención. Cuando parecía que ya lo había entendido todo, daba un par de aletazos y estaba de nuevo en la posición de salida. Su distracción era absoluta. Según ella, era cosa de familia. Y no iba del todo desencaminada. Pues bien: nos estamos convirtiendo en Dory.

Durante décadas, la comparación más cruel que podías hacerle a alguien despistado era decirle que tenía «memoria de pez». Era el símbolo perfecto de la estupidez: se creía que los peces de colores solo podían mantener la atención durante unos nueve segundos. La ciencia lo ha desmentido —resulta que pueden recordar cosas durante meses—, pero la metáfora ha calado porque ahora describe con precisión escalofriante lo que nos está pasando. En el año 2000, nuestra capacidad media de atención sostenida rondaba los doce segundos. A mediados de la década de 2010, según estudios internos de Microsoft, había caído a ocho. Por debajo de Dory. Es decir, en apenas dos décadas habíamos perdido un tercio de nuestra capacidad de concentración. Y no por evolución biológica, obviamente. Sino por diseño. Pero ¿de quién es la culpa?

El teléfono móvil se ha convertido en una extensión de nuestro cuerpo que consultamos con la frecuencia de un tic nervioso. Lo miramos cada dos minutos. Treinta veces por hora. Quinientas cuarenta y dos veces al día. Más de doscientas mil veces al año. Lo desbloqueamos unas ciento cincuenta veces diarias, la mayoría sin propósito claro, como quien abre la nevera sabiendo que no hay nada nuevo desde hace cinco minutos. El gesto es automático, inconsciente, compulsivo. Como encender un cigarrillo en los años cincuenta o tirar de la palanca de una tragaperras en Las Vegas.

Y no es un vicio barato en términos temporales. La media actual de uso del teléfono es de tres horas y cuarenta minutos al día —un 35 por ciento más que hace solo tres años—. La mayoría de los jóvenes duplican esa media. En Estados Unidos, por ejemplo, la media semanal supera las treinta y cinco horas. Si lo piensas, es una jornada laboral completa dedicada a mirar píxeles. El 36 por ciento de los adolescentes estadounidenses admite que se despierta una o dos veces cada noche para mirar el teléfono, aunque no esperen nada concreto. Es el equivalente digital a levantarse a las tres de la madrugada para comprobar si el frigorífico sigue en su sitio. Una maldita locura.

Mientras tanto, el mundo digital nos bombardea con una intensidad que haría palidecer cualquier campaña militar. En solo nueve segundos —el tiempo que supuestamente duraba la memoria de un pez de colores—, se envían más de 14,5 millones de mensajes en WhatsApp, se comparten unas 9.900 publicaciones y 44.000 historias en Instagram, y en Facebook aparecen alrededor de 76.000 comentarios. En ese mismo lapso, se reproducen más de 104.000 horas de vídeo en YouTube, se suben otras 75 horas nuevas y en Netflix se consumen alrededor de 16.500 horas de contenidos.

Todo esto en apenas nueve segundos. Menos del tiempo que tardas en leer este párrafo.

Esta avalancha de estímulos ha reconfigurado nuestra tolerancia a la espera. El 40 por ciento de los usuarios abandona una web si tarda más de tres segundos en cargar. Tres segundos. El tiempo que tarda un semáforo en cambiar de ámbar a rojo se nos ha vuelto insoportable. La promesa de inmediatez total —todo, ya, ahora mismo— ha alterado nuestro umbral de paciencia hasta volvernos incapaces de soportar la más mínima demora. Somos como niños malcriados digitales que patalean si el vídeo gracioso de un gato no carga instantáneamente.

Las consecuencias individuales de esta fragmentación atencional son devastadoras. Vivimos enchufados a un goteo incesante de estímulos que nos mantiene en un estado de alerta perpetua, incapaces de distinguir entre lo urgente y lo importante, entre el ruido y la señal. Bruno Patino, en *La civilización de la memoria de pez*, diagnosticó con exactitud las tres patologías de esta era: no hablamos ya de simples adicciones, sino de mutaciones profundas en la arquitectura misma del yo. Primero, la esquizofrenia de perfil, que nos obliga a mantener simultáneamente versiones contradictorias de nosotros mismos —el profesional de LinkedIn, el gracioso de Twitter, el feliz de Instagram— hasta que ya no sabemos cuál de todas esas máscaras somos realmente. Segundo, la atenuación de la personalidad, que convierte nuestra voz en un eco del algoritmo: hablamos como se espera que hablemos, opinamos lo que garantiza *engagement*, existimos en la medida en que generamos métricas. Y la tercera, la atazagorafobia —ese pánico a desaparecer del *feed*, a que nadie comente nuestra última publicación—, que revela la verdad más brutal de nuestra época: hemos externalizado nuestra existencia en los servidores de Silicon Valley. No somos si no nos ven.

Pero las consecuencias colectivas son aún más preocupantes. Al vivir en ciclos de atención tan cortos, la sociedad se rige por la emoción instantánea, no por la reflexión. La política se convierte en un teatro de furias y escándalos virales donde quien grita más fuerte gana la partida. El ciclo informativo, que en los años noventa era de veinticuatro horas, pasó a ser de veinticuatro minutos en la década pasada. Hoy ronda los veinticuatro segundos: lo que tarda en leerse un tuit, verse un tiktok o procesar un titular incendiario. El resultado es una polarización creciente donde la política, la ciencia y la cultura se reducen a lo que más rabia o entusiasmo genere en el momento. La indignación es la moneda de cambio y el matiz es un lujo que no podemos permitirnos.

Cada desbloqueo del móvil funciona como una tragaperras emocional. Tiramos de la palanca esperando la recompensa: una notificación, un mensaje, un *like* o simplemente la expectativa de que algo —lo que sea— haya ocurrido en los últimos noventa segundos. Este mecanismo de recompensa variable es el mismo que mantiene a los ludópatas pegados a las máquinas hasta las cuatro de la madrugada. La diferencia es que llevamos las tragaperras en el bolsillo y la sociedad no solo lo tolera, sino que lo exige. Intenta pasar una semana sin teléfono. Es imposible a menos que no estés dispuesto a renunciar a tu trabajo y tus amistades.

Esto ha llegado a un punto tan escalofriante que las grandes plataformas tecnológicas lo tienen claro: su competencia real no son otras empresas. Es el sueño humano. Netflix lo dijo sin rubor: su rival no es HBO ni Disney+, es el tiempo que pasamos durmiendo. Cada hora de sueño es una hora menos de consumo digital, una hora perdida para el algoritmo. Por eso, las interfaces están diseñadas para mantenernos despiertos, enganchados, escroleando hasta que los ojos se nos cierran solos y el teléfono se nos cae en la cara. Se le roba la atención a cualquier actividad: miramos pantallas mientras comemos (el 62 por ciento de las comidas), mientras estamos en clase (el profesor compite con Instagram), mientras trabajamos (la productividad junto a un móvil cae en picado), incluso en funerales se puede ver a gente huyendo a través de su pantalla.

El problema de fondo no es que dediquemos demasiado tiempo al ocio digital o que perdamos horas de sueño viendo vídeos a las tres de la madrugada de gente que restaura muebles oxidados. Lo que está en juego es la propia calidad del debate público, la salud mental colectiva y, en última instancia, la democracia. Si no somos capaces de mantener nuestra atención más de nueve segundos, ¿cómo vamos a sostener una conversación política compleja? ¿Cómo vamos a tomar decisiones colectivas que requieren análisis, contexto, memoria histórica? ¿Cómo vamos a organizar cualquier acción transformadora si no podemos ni terminar de leer un artículo sin consultar el móvil tres veces?

La batalla por la atención no es una metáfora. Es una guerra real con víctimas reales. Y la estamos perdiendo. Cada vez que desbloqueamos el teléfono sin motivo, cada vez que interrumpimos una conversación para mirar una notificación, cada vez que sustituimos el pensamiento por el *scroll* infinito, cedemos un poco más de terreno. Nos convertimos un poco más en Dory, dando vueltas en círculos, olvidando por qué empezamos a nadar, incapaces de recordar hacia dónde íbamos.

Y lo peor es que, como Dory, empezamos a normalizar nuestra condición. «Es cosa de familia», decía ella. «Es cosa de los tiempos», decimos nosotros. Como si la fragmentación mental fuera un precio razonable por la conectividad perpetua. Como si convertirnos en zombis digitales fuera el tributo inevitable al progreso de nuestra civilización. Pero no es evolución. Es diseño. Y lo que se ha diseñado se puede rediseñar. La cuestión es si todavía nos queda suficiente capacidad de atención para darnos cuenta de lo que hemos perdido. O si, como el pez azul de

Nemo, ya hemos olvidado que alguna vez fuimos capaces de pensar.

Dory, al menos, tenía una excusa. Nosotros hemos elegido convertirnos en ella.

Orwell vs. Huxley

> Si quieres una imagen del futuro, imagina una bota aplastando un rostro humano... para siempre.
>
> GEORGE ORWELL

En el mundo distópico de George Orwell había una pantalla en cada casa que no podías apagar. Te observaba mientras tú la mirabas. Transmitía propaganda las veinticuatro horas, pero, sobre todo, vigilaba. Cualquier gesto sospechoso, cualquier expresión de disgusto, cualquier síntoma de pensamiento independiente era registrado. Los ciudadanos aprendían a vivir en actuación permanente, sonriendo incluso dormidos. En constante tensión.

Orwell murió convencido de que así sería el futuro: brutal, explícito, opresivo. Pero Aldous Huxley, que había escrito su propia distopía años antes, veía otra posibilidad. En una carta que le envió tras leer *1984*, Huxley fue cortés pero profético: «La filosofía de la bota en la cara —escribió— puede resultar anticuada». Los gobiernos del futuro, sugirió, descubrirían formas más eficientes de control. No necesitarían la violencia cuando tuvieran el placer. No necesitarían prohibir cuando pudieran distraer.

Huxley entendió algo que Orwell, quizá por su experiencia antifascista en la guerra civil española y su horror ante el totalitarismo estalinista, no pudo ver: que la opresión más efectiva no es la que te quita cosas, sino la que te da tantas que no sabes qué hacer con ellas. No la que censura libros, sino la que te ofrece tanto entretenimiento que ya no quieres leer. No la que oculta la verdad, sino la que la entierra bajo montañas de trivialidades.

Mientras Orwell imaginaba la opresión por sustracción —quitarnos libros, palabras, memoria—, Huxley anticipó la opresión por saturación: darnos tanto de todo que ya nada importara. En su intercambio epistolar con Orwell, Huxley fue educado pero tajante: el futuro no necesitaría quemar libros si lograba que nadie quisiera leerlos. No haría falta prohibir la verdad si podía ahogarla en un océano de trivialidades.

Pensemos en cualquier día de 2024. Abrimos el teléfono buscando algo —¿qué era?— y treinta minutos después emergemos aturdidos de un vórtice de vídeos de cocina rápida, debates furiosos sobre si una película de superhéroes es *woke* y noticias apocalípticas de países cuya ubicación la mayoría no podría señalar en un mapa. No necesitan prohibirnos leer a Marx o a Chomsky; basta con que el algoritmo nos ofrezca un vídeo de cocina rápida justo cuando íbamos a abrir el libro. No necesitan censurar las noticias sobre el cambio climático; es suficiente con que compitan con un *influencer* mostrando su mansión o un debate sobre el final de una serie. La información crítica no está prohibida; está enterrada bajo toneladas de contenido basura que nosotros mismos pedimos, compartimos, celebramos.

La genialidad del sistema actual es que no necesita censurarnos porque nos hemos vuelto incapaces de concentrarnos de forma sostenida. ¿Para qué quemar *El capital* si el ciudadano promedio no puede mantener la atención más allá de un párrafo? ¿Para qué prohibir el pensamiento crítico si lo hemos sustituido voluntariamente por el *scroll* compulsivo?

En *Un mundo feliz*, la distopía escrita por Huxley, el soma es la droga perfecta: elimina la angustia sin resaca, produce felicidad sin esfuerzo. «Un gramo es mejor que un drama», repiten los ciudadanos mientras se anestesian contra cualquier atisbo de conciencia crítica. Nosotros tenemos algo mejor: las notificaciones.

Hay un agotamiento específicamente contemporáneo que no tiene que ver con el trabajo físico, ni siquiera con el mental en sentido tradicional. Es el agotamiento de quien ha procesado doscientas microhistorias antes del desayuno; quien ha experimentado indignación, ternura, furia y nostalgia en el espacio de diez minutos; quien ha opinado sobre seis crisis globales sin moverse del baño.

La democracia no muere con un estruendo, sino con un bostezo. No la asesina un dictador con bigote, lo hace un algoritmo que sabe exactamente cuántos segundos de un vídeo mantendrán tu atención antes de ofrecerte el siguiente. La tiranía perfecta no necesita soldados; le bastan programadores.

Si el Gran Hermano de Orwell te vigilaba, el Gran Algoritmo te conoce. No necesita espiarte porque tú le cuentas todo: qué te gusta, qué te indigna, cuánto tiempo miras cada imagen, qué ignoras, qué compartes. Con esa información no necesita oprimirte: te ofrece exactamente la cantidad de estímulo que te mantendrá escroleando sin llegar nunca a la acción.

El algoritmo no tiene ideología en el sentido tradicional. No es de derechas ni de izquierdas, no es religioso ni ateo. Su única ideología es la maximización del *engagement*, esa palabra que hemos normalizado pero que significa, literalmente, mantenerte «comprometido» con la pantalla el mayor tiempo posible. Si la indignación te mantiene mirando, te dará indignación. Si son gatitos, serán gatitos. Si es la mezcla perfecta de ambos, alternará entre los dos hasta que tus emociones estén tan confundidas que ya no sepas qué sientes.

Y la pregunta es: ¿cómo te rebelas contra algo que amas? ¿Cómo luchas contra un sistema que te da exactamente lo que la parte más primitiva de tu cerebro desea? En *1984*, el protagonista sabe que odia al Partido. Nosotros ni siquiera tenemos esa claridad. Odiamos y amamos el dispositivo simultáneamente. Lo maldecimos mientras lo acariciamos.

Peor aún: cualquier crítica al sistema se convierte inmediatamente en contenido para el sistema. Este mismo ensayo que lees, si logra cierta difusión, será compartido, comentado, destrozado y defendido en las mismas plataformas que critica. Mi indignación ante la máquina alimenta a la máquina. Y tu indignación ante mi indignación la alimenta doblemente.

Tu enemigo en el bolsillo

> Nunca habíamos sido tan rastreables, tan transparentes ni tan indefensos; y nunca habíamos colaborado con tanto entusiasmo para que así fuera.
>
> ZYGMUNT BAUMAN,
> *Vigilancia líquida* (2013)

El físico y activista del movimiento por el software libre Richard Matthew Stallman dijo que «los móviles son el sueño de Stalin porque emiten cada dos o tres minutos una señal de ubicación para seguir los movimientos del teléfono». Es una comparación brillante pero conservadora. La realidad perturba mucho más. Ni en el peor de sus delirios de control, ningún perverso dictador bigotudo del siglo xx habría sido capaz de llegar a imaginar un aparato que pudiese grabar las voces, registrar los rostros, captar los movimientos y decir en cada momento de manera ultraprecisa la ubicación de cada uno de sus súbditos. Un aparato repleto de un ejército silencioso de sensores que funcionan las veinticuatro horas: giroscopio que detecta cada gesto y postura; acelerómetro que distingue si caminamos o vamos en coche; sensores de luz, magnetómetros, barómetros que miden hasta la presión atmosférica. Hasta doce sensores diferentes que nos desnudan frente al aparato. Y lo mejor de todo: que todos aquellos que estuviesen sometidos por ese inmenso poder lo llevasen gustosamente en su bolsillo. Es más, que se preocupasen cada mañana de salir con él de casa con las baterías repletas para aguantar toda la jornada de espionaje y que, además, hicieran largas colas de espera para conseguir el modelo nuevo y pagarlo con gusto.

El smartphone es la cárcel perfecta: ya no hace falta imponer la vigilancia, porque cada individuo la acepta gustosamente. Hemos interiorizado la cárcel hasta el punto de que nuestro mayor miedo no es ser vigilados, sino quedarnos sin cobertura. El látigo dejó de ser la porra o la censura: hoy es la notificación, el «me gusta», la vibración que activa nuestra dopamina como si fuéramos ratas de laboratorio.

A diferencia de la burocracia policial del siglo xx, donde se necesitaban ejércitos de funcionarios para controlar la información, ahora cada ciudadano se convierte en delator de sí mismo. Regalamos nuestros datos con la alegría de quien cree estar participando en una fiesta. De la sospecha a la escucha telefónica judicial, hemos pasado a instalar voluntariamente decenas de micrófonos bajo la excusa de las aplicaciones gratuitas. Pero nada es gratis: nosotros somos el producto.

La sumisión es tan perfecta porque se disfraza de libertad. Compartimos ubicación para encontrar amigos cerca, damos acceso a nuestra cámara para subir fotos más rápido, regalamos datos biométricos para mayor seguridad, alimentamos sistemas de reconocimiento facial para etiquetar automáticamente. Cada función se vende como comodidad, cada intrusión como servicio personalizado.

Y la realidad es todavía más perversa. El móvil se ha convertido en una extensión del cuerpo, en un órgano fantasma que nos duele cuando no está. En muchas ocasiones sentimos vibraciones inexistentes o revisamos compulsivamente notificaciones que no han llegado. Ya no es un dispositivo externo: es una prótesis incrustada en nuestro sistema nervioso que altera el sueño, destroza la concentración y coloniza hasta la intimidad más recóndita.

Pero, sobre todo, es la pieza central de la nueva economía extractiva: cada gesto, cada pausa, cada duda genera datos que se monetizan al instante. No somos usuarios, sino mineros gratuitos de nuestra propia intimidad. Extraemos el oro de nuestros deseos, miedos y secretos, y se lo entregamos a unas pocas corporaciones que nos lo devuelven en forma de consumo dirigido, propaganda política y manipulación emocional refinada.

El móvil es, además, un laboratorio social en tiempo real. Cada aplicación prueba constantemente qué color engancha más, qué palabra produce ansiedad, qué secuencia de vídeos atrapa mejor la atención. Somos cobayas en un experimento global de condicionamiento conductual, y encima pagamos con religiosidad la cuota mensual por participar.

Según un estudio de la Universidad de Oxford, el 90 por ciento de las aplicaciones de Google Play comparten datos con Google, muchas veces sin conocimiento de los propios desarrolladores. La mitad de ellas comparte información con diez terceras partes, y un 20 por ciento, con más de veinte empresas diferentes. Entre los receptores figuran Facebook, Twitter, Microsoft y Amazon. Casi todos los datos acaban en manos de intermediarios o *data brokers*, especuladores de la información personal que comercializan nuestras vidas digitales como si fueran materias primas.

A esto se suman los asistentes virtuales —Google, Siri, Alexa—, que requieren estar en escucha permanente para captar la «palabra mágica» que los activa. En el caso de Amazon Echo, hasta siete micrófonos graban continuamente todo lo que ocurre a nuestro alrededor. Hemos convertido nuestros hogares en estudios de grabación permanentes, y nuestras conversaciones más íntimas, en contenido analizable para algoritmos corporativos.

Es un arma de destrucción masiva invisible que no explota: seduce. En un solo aparato confluyen cámara, micrófono, GPS, historial de compras, patrones de movimiento, datos biométricos, relaciones sociales, preferencias sexuales, miedos e inquietudes. No solo registra nuestra vida: la moldea, la dirige, la convierte en mercancía. Y lo que viene será todavía más invasivo: dispositivos *wearable* permanentes, gafas de realidad aumentada que superponen publicidad a todo lo que vemos, relojes que monitorizan cada latido del corazón, chips subcutáneos que prometen «mayor comodidad». El smartphone ha sido solo el ensayo general del control total.

La nueva barbarie no necesita «salvajes» ni violencia explícita. Le basta con un aparato de seis pulgadas, una conexión a internet y nuestra entusiasta colaboración. Hemos construido voluntariamente la distopía más sofisticada de la historia y la llevamos en el bolsillo como si fuera un amuleto de la libertad.

La verdadera tragedia no es que nos vigilen. Es que hemos aprendido a vigilarnos a nosotros mismos y a llamar progreso a nuestra propia domesticación.

Un traficante no prueba su mercancía

En enero de 2010, Steve Jobs subió al escenario con sus característicos vaqueros y camiseta negra. Durante noventa minutos, hipnotizó al auditorio explicando las maravillas del iPad: la mejor forma de navegar por internet, superior a cualquier portátil, más intuitiva que un smartphone. Una experiencia «mágica y revolucionaria», repitió varias veces mientras deslizaba sus dedos sobre la pantalla táctil. El público aplaudía extasiado. Jobs vendía el futuro, y todos querían comprarlo.

Meses después, el periodista Nick Bilton le preguntó qué tal les iba a sus hijos con el iPad. La respuesta fue desconcertante: «Nunca lo han usado. Limitamos mucho la tecnología que nuestros hijos utilizan en casa».

Resulta que Jobs no era el único. Chris Anderson, exeditor de *Wired* —la biblia del tecno-optimismo—, había impuesto límites estrictos al uso de pantallas en su hogar. «Hemos visto los peligros de primera mano», confesó. Evan Williams, fundador de Blogger, Twitter y Medium, llenaba las habitaciones de sus hijos con libros, pero se negaba rotundamente a comprarles un iPad. El fundador de Instagram esperó hasta que su hija cumpliera catorce años para darle un smartphone, y aun así con severas restricciones.

Walter Isaacson, el biógrafo de Jobs, quedó perplejo cuando cenó en casa del gurú tecnológico: nadie sacó un dispositivo durante toda la velada. Los hijos conversaban, debatían, incluso discutían, pero ninguno parecía ansioso por revisar notificaciones o perderse en una pantalla. Era como si los inventores de la droga digital siguieran la regla de oro del narcotráfico: nunca te enganches a tu propia mercancía.

La ironía es devastadora. Imagina que tu panadero jamás probara su propio pan. Que tu médico evitara los medicamentos que receta. Que el chef de un restaurante cenara siempre en la competencia. Sospecharíamos inmediatamente. Pero con la tecnología hemos normalizado esta esquizofrenia: quienes diseñan las herramientas que devoran nuestro tiempo protegen ferozmente a sus propios hijos de ellas.

Y aquí radica la cruel diferencia: puedes elegir no entrar nunca más a una panadería sospechosa, pero no puedes vivir sin tecnología. Un alcohólico en recuperación puede evitar los bares; un adicto a internet está condenado a convivir con su droga. Necesitas el correo electrónico para solicitar trabajo, WhatsApp para coordinar con el colegio de tus hijos, las apps bancarias para sobrevivir. La abstinencia no es una opción. Es como obligar a un exadicto a la heroína a inyectarse una dosis controlada cada mañana para poder funcionar en sociedad. Es imposible que eso salga bien.

La máquina de hacer adictos

En 1971, el psicólogo Michael Zeiler realizó un experimento que debe estar enmarcado en cada oficina de Silicon Valley. Entrenó palomas para que picotearan un botón a cambio de comida. Cuando el botón dispensaba alimento de forma predecible —cada vez que lo picoteaban—, las palomas desarrollaban un ritmo constante y tranquilo. Pero cuando Zeiler programó el mecanismo para entregar comida solo entre el 50 y el 70 por ciento de las veces que se producía el picoteo, de forma aleatoria, algo extraordinario sucedió: las palomas se volvieron frenéticas. Picoteaban con una intensidad obsesiva, como pequeños jugadores emplumados frente a una máquina tragaperras.

Sus cerebros liberaban torrentes de dopamina precisamente porque no sabían cuándo llegaría la recompensa. La incertidumbre no las desanimaba: las enloquecía.

¿Te suena familiar? Cada vez que deslizas el dedo hacia abajo en Instagram para refrescar el *feed*, cada vez que revisas el email «por si acaso», cada vez que miras las notificaciones aunque sepas que probablemente no hay nada importante, eres esa paloma. Los ingenieros de Silicon Valley conocen al dedillo el experimento de Zeiler. Lo han refinado, optimizado y armado contra tu cerebro.

Netflix lo entendió a la perfección cuando en 2012 introdujo una función aparentemente inocente que ya hemos normalizado: la reproducción automática. Ya no tenías que decidir ver el siguiente capítulo de *Breaking Bad*; tenías que decidir activamente no verlo. Cinco segundos de cuenta regresiva y la siguiente dosis de narrativa se inyectaba de forma directa en tu televisor. Convirtieron una temporada de trece episodios en una única película de trece horas. El maratón ya no era una elección; era la configuración por defecto.

Pero quizá el experimento más revelador sobre nuestra relación con la tecnología no involucra palomas ni algoritmos, sino algo mucho más terrible: nuestra incapacidad para estar solos con nosotros mismos. En 2014, un grupo de psicólogos de la Universidad de Virginia diseñó lo que podríamos llamar el experimento más deprimente de la historia moderna. Encerraron a estudiantes universitarios en una habitación vacía durante quince minutos con una sola compañía: sus propios pensamientos. La única distracción disponible era un botón conectado a un dispositivo que administraba pequeñas descargas eléctricas, algo a medio camino entre una inyección y un dolor de muelas, según describieron los propios sujetos después de probarlo.

La consigna era simple: pasen un rato entretenidos con su mente. Exploren sus recuerdos, fantaseen, reflexionen, hagan lo que hacían los seres humanos durante milenios antes de que existieran las pantallas. Si quieren, pueden usar el botón de las descargas, pero el objetivo es disfrutar de la soledad interior.

El resultado, publicado en *Science*, parece sacado de un capítulo de *Black Mirror*, pero es cierto: dos tercios de los hombres y un tercio de las mujeres eligieron electrocutarse antes que quedarse a solas con su mente. Un estudiante se administró 190 descargas en veinte minutos —una cada seis segundos—, como si fuera un drogadicto en abstinencia pinchándose con una aguja oxidada. Literalmente, preferimos torturarnos a aburrirnos.

¿Y qué crees que hacen las empresas tecnológicas con esta información? Justo lo que harían unos traficantes con la certeza de que sus clientes prefieren la heroína al aire puro. Forrarse.

Las mejores mentes de nuestra generación contra ti

Tristan Harris, exingeniero de Google y ahora uno de los críticos más feroces de la industria, lo explica con brutalidad: «Cuando intentas reducir tu uso del móvil, no estás luchando solo contra tu falta de voluntad. Al otro lado de la pantalla hay literalmente miles de ingenieros, psicólogos conductuales, neurocientíficos y expertos en persuasión cuyo único trabajo es derribar cualquier barrera que te impongas». Es David contra Goliat, pero Goliat tiene un doctorado del MIT y acceso a tus datos neuronales.

Las mejores mentes de nuestra generación —esas que

podrían estar curando el cáncer, resolviendo la crisis climática o explorando el cosmos — están dedicadas a un único objetivo: hacer que mires un anuncio más. Que des un clic más. Que pases un segundo más escroleando. No porque sean malvadas, sino porque la atención es el petróleo del siglo XXI. Y, como todo recurso valioso, se extrae sin piedad ni consideración por el daño colateral.

Cada vez que desbloqueamos el teléfono, no solo perdemos tiempo: regalamos datos. Alimentamos un sistema que nos conoce mejor que nosotros mismos. Sabe cuándo estamos tristes y nos muestra contenido reconfortante. Sabe cuándo estamos aburridos y nos sirve drama. Sabe cuándo estamos vulnerables y nos vende soluciones. Es un parásito perfeccionado que ha aprendido a hacerse indispensable.

Lo más perverso es que este sistema se disfraza de progreso, de conexión, de democratización del conocimiento. Pero sus arquitectos crían a sus hijos en burbujas analógicas. Colegios Waldorf sin pantallas. Veranos en campamentos donde los móviles están prohibidos. Niñeras con contratos que especifican «cero tiempo de pantalla». Saben algo que nosotros preferimos ignorar: que están vendiendo heroína digital y que la primera dosis gratis te la dan en preescolar.

Tiempo de pantalla = dinero

Hay una verdad incómoda que las grandes tecnológicas prefieren mantener en secreto: tu adicción al móvil no es un efecto secundario del progreso digital, es su modelo de negocio. Cada vez que sientes esa necesidad compulsiva de revisar el teléfono, cada vez que te prometes «solo cinco minutos más» y terminas haciendo *scroll* durante horas, cada vez que la ansiedad te empuja a buscar la siguiente notificación, estás generando dinero. Mucho dinero. No te quieren adicto porque sean malvados —que también—, sino porque es obscenamente rentable.

La ecuación es simple y brutal: *tiempo de pantalla = dinero*. Todos los minutos que pasas pegado al móvil son facturación directa. Los publicistas pagan por cada segundo de tu atención, y las plataformas han perfeccionado el arte de mantenerte enganchado porque sus beneficios multimillonarios dependen de ello. La atención se ha convertido en la materia prima más importante y rentable del siglo XXI, y tú eres el yacimiento que explotan veinticuatro horas al día.

El negocio es tan simple como brutal: cuanto más tiempo pases en la plataforma, más anuncios verás. Cuantos más anuncios veas, más dinero generan. Por eso, cada función, cada actualización, cada pequeño cambio en la interfaz está diseñado con un único objetivo: maximizar tu tiempo de permanencia. Los *likes*, los comentarios, las notificaciones… Todo forma parte de una arquitectura conductual diseñada para hackear tu cerebro. No es casualidad que revisar el móvil se sienta igual que tirar de la palanca de una máquina tragaperras como explicamos antes: ambos sistemas explotan los mismos circuitos de recompensa variable que nos vuelven adictos.

¿Y quién se está forrando con este casino global? Básicamente tres empresas: Google, Meta y Amazon. Entre las tres controlan casi el 70 por ciento de toda la publicidad online del planeta. Es un oligopolio tan descarado que haría sonrojar a los barones del petróleo del siglo xix. John D. Rockefeller al menos tenía que preocuparse por la competencia; estos tipos han conseguido que la competencia ni siquiera pueda entrar al juego.

La desigualdad del intercambio es casi cómica. Ellos lo saben todo sobre ti: a qué hora te despiertas, qué buscas cuando estás triste, con quién fantaseas, qué te da miedo, cuánto tardas en comprar algo después de verlo, qué tipo de contenido te hace parar el *scroll*. Tienen un perfil psicológico tuyo más completo que el que podrías hacer tú mismo. Mientras tanto, tú no sabes ni cómo funciona el algoritmo que decide qué ves en tu pantalla. Es como jugar al póker con las cartas boca arriba mientras tu oponente no solo ve las tuyas, sino que además conoce tu presión arterial, tu cuenta bancaria y lo que desayunaste.

Con ese nivel de información, pueden hacer que compres cosas que no necesitas, por supuesto. Pero eso es solo el principio. También pueden influir en lo que piensas, en cómo votas, en qué te indigna y qué ignoras. Saben exactamente qué teclas tocar para provocar una respuesta emocional. ¿Te acuerdas de cuando Cambridge Analytica presumía de tener cinco mil puntos de datos sobre cada votante estadounidense con los que influir en su voto? Eso ya es arqueología digital. Hoy las grandes tecnológicas manejan volúmenes de información que harían parecer a Cambridge Analytica un aficionado con una libreta. Y eso es un gran problema. Porque el poder corrompe, pero el poder absoluto corrompe absolutamente.

El poder corrompe

«El poder corrompe y el poder absoluto corrompe absolutamente», escribió lord Acton en 1887. Pero él pensaba en reyes y papas, no en los CEO en sudadera dirigiendo imperios desde campus corporativos que parecen guarderías para adultos. El poder absoluto del siglo XXI no necesita ejércitos ni policía secreta; le basta con algoritmos y psicólogos conductuales. Y lo ejercen empresas que no responden ante nadie, salvo sus accionistas. Mucho menos ante ninguna democracia.

Por ahora, ese poder se usa principalmente para venderte un colchón nuevo o hacer que votes por tal o cual candidato. Pero imagina por un momento que mañana el CEO de turno —o quien le compre ese poder— decide que cierto grupo étnico es un problema. O que el cambio climático es mentira. O que la democracia es un estorbo. Tienen la herramienta perfecta para inyectar esa idea directamente en millones de cerebros, personalizada según las vulnerabilidades específicas de cada usuario. Al conspiranoico le darán teorías elaboradas; al ciudadano medio, noticias que parezcan neutrales pero vayan erosionando su confianza; al adolescente inseguro, memes que normalicen el odio disfrazado de humor.

La pregunta que nadie quiere hacer es obvia: ¿seguimos siendo dueños de nuestros pensamientos cuando alguien tiene la llave maestra de nuestras emociones? ¿Existe el libre albedrío cuando cada decisión viene precedida por miles de micromanipulaciones imperceptibles?

Los liberales del siglo XVIII lo tenían claro: el poder absoluto había que fragmentarlo, someterlo a controles, hacerlo transparente y responsable ante el pueblo. Por eso inventaron la separación de poderes, las constituciones, los parlamentos. Era un sistema imperfecto, pero al menos intentaba que nadie acumulara demasiado poder. Hoy, las corporaciones digitales operan como monarquías absolutas con esteroides. No hay elecciones en Meta. No hay tribunal supremo en Google. No hay Constitución en Amazon. Solo la voluntad omnímoda de Zuckerberg, Page, Brin y Bezos, ejercida a través de algoritmos opacos que gobiernan la vida de miles de millones de personas.

Es un tecnofeudalismo donde los nuevos señores feudales no necesitan castillos: les bastan los servidores. Y nosotros, los siervos digitales, trabajamos gratis para ellos cada vez que subimos una foto, escribimos un comentario o simplemente existimos online generando datos que luego monetizan.

En Estados Unidos, donde el capitalismo salvaje es religión de Estado, hasta los políticos empiezan a asustarse. Demócratas y republicanos —que no se ponen de acuerdo ni en qué día es hoy— coinciden en que hay que hacer algo. Pero las iniciativas regulatorias avanzan a velocidad burocrática mientras la tecnología evoluciona a velocidad exponencial. Es como intentar alcanzar un Fórmula 1 en bicicleta. Y al final será demasiado tarde.

Entre la gratitud y la servidumbre

Seamos honestos: ninguno de nosotros querría volver atrás. ¿Quién renunciaría hoy a ese mensaje de WhatsApp que acorta océanos, a esa videollamada que convierte la distancia en un concepto obsoleto? Hemos conquistado la ubicuidad, derrotado al espacio. Tu madre puede verte la cara desde otro continente mientras desayunas. Tus amigos están ahí, en ese rectángulo luminoso, mostrándote su vida en tiempo real —o la versión Instagram de su vida, que es otra cosa—. Lo que antes requería semanas de cartas transatlánticas, sellos, esperas angustiosas frente al buzón, ahora sucede en el tiempo que tardas en escribir «jajaja» con el pulgar.

La revolución ha sido tan profunda que los que nacimos en el mundo analógico —ese territorio mítico donde los teléfonos tenían cables y las fotos se revelaban— a veces nos detenemos, perplejos, ante la magnitud del cambio. Nadie podía imaginar entonces que, tres décadas después, estaríamos consultando compulsivamente un dispositivo —convertido en extensión de nuestro sistema nervioso— unas ciento cincuenta veces al día.

Y, sin embargo, aquí seguimos. Adictos confesos que conocen a la perfección su adicción, pero no pueden —no queremos— abandonarla. Porque renunciar a estas tecnologías significaría autoexcluirse del tejido social contemporáneo, convertirnos en ermitaños digitales, en esos excéntricos que todavía usan Nokia 3310 y que provocan una mezcla de admiración y lástima. Es el chantaje perfecto: o aceptas las reglas del juego o te quedas fuera.

Lo más perturbador es pensar en la perspectiva histórica. Dentro de veinte o treinta años —si es que seguimos aquí para contarlo—, miraremos hacia atrás con el mismo asombro con el que hoy contemplamos las fotografías de niños trabajando en las fábricas durante la Revolución Industrial. «¿Cómo pudieron permitirlo?», nos preguntamos ante esas imágenes en blanco y negro. «¿Cómo pudimos permitirlo?», nos preguntaremos sobre nosotros mismos. ¿Cómo aceptamos entregar voluntariamente nuestra atención, nuestros datos, nuestra autonomía cognitiva a cuatro empresas a cambio de *likes* y notificaciones? ¿Cómo algo diseñado para facilitarnos la vida terminó colonizándola por completo?

La ironía es deliciosa y amarga a partes iguales. Inventamos herramientas para ganar tiempo y acabamos sin tiempo para nada que no sea mirar las herramientas. Creamos redes para conectarnos y nunca estuvimos más desconectados y solos. Prometimos democratizar la información y construimos cámaras de eco donde cada cual escucha solo lo que quiere oír. Es la paradoja fundacional de nuestra era: nunca tuvimos tanto poder en nuestras manos y nunca fuimos tan impotentes frente a ese poder.

El camino de vuelta a la civilización —si es que existe tal camino— no pasa por destruir los smartphones en una hoguera ludita ni por retirarse a una comuna sin wifi. Pasa por recuperar ese espíritu revolucionario del siglo XVIII, cuando los liberales entendieron que ningún poder podía quedar sin control democrático. Necesitamos nuestra propia revolución ilustrada: no contra reyes y nobles, sino contra los nuevos monarcas absolutos de Silicon Valley. Una revolución que someta el poder algorítmico a constituciones digitales, que fragmente los monopolios tecnológicos como entonces se fragmentó el poder real, que convierta los datos en derechos ciudadanos inalienables y no en materia prima para el extractivismo corporativo.

El potencial emancipador de estas tecnologías es inmenso —podrían democratizar el conocimiento, abolir las distancias, multiplicar la creatividad humana, coordinar soluciones planetarias al colapso climático—. Pero ese potencial permanecerá secuestrado mientras permitamos que cuatro empresas decidan unilateralmente cómo pensamos, qué deseamos y quiénes somos.

INTELIGENCIA ARTIFICIAL

La humanidad se convertiría básicamente en una
raza de cuidadores de máquinas.

Isaac Asimov

En 1990, Ray Kurzweil se asomó al futuro y vio una fecha:
1998. Ese año, profetizó, una computadora derrotaría al
campeón mundial de ajedrez. Como buen tecnoprofeta,
falló en el detalle pero acertó en lo esencial. No fue en 1998
sino un año antes, el 11 de mayo de 1997, cuando Deep Blue
aplastó a Garri Kaspárov en el sexto juego de su revancha.
El ruso, considerado por muchos el mejor ajedrecista de la
historia, abandonó la partida en apenas diecinueve movimientos. Luego acusó a IBM de hacer trampa, de esconder
un humano detrás de la máquina. No podía aceptar que una
caja de circuitos hubiera penetrado en los misterios de un
juego que, durante siglos, había simbolizado la inteligencia
humana en su expresión más pura.

Lo que Kaspárov no sabía —lo que ninguno de nosotros podía imaginar entonces— era que estábamos presenciando apenas el primer acto de una obra mucho más perturbadora. Deep Blue se convertiría poco después en una reliquia. Pesaba 1,4 toneladas, ocupaba dos armarios refrigerados del tamaño de neveras industriales y había costado millones en desarrollo. Uno de los mayores cerebros electrónicos de la época era el ASCI Red, la supercomputadora del Laboratorio Nacional Sandia, construida para simular explosiones nucleares. Con sus 9,298 procesadores Pentium Pro, alcanzaba la cifra mareante de 1,8 teraflops. El Departamento de Defensa estadounidense había invertido 55 millones de dólares en esta bestia que ocupaba el espacio de una pista de tenis y requería 850 kilovatios de energía, suficiente para alimentar ochocientas casas.

Avancemos dieciséis años. Noviembre de 2013. Miles de adolescentes hacen cola en las tiendas de electrónica. No buscan la salvación tecnológica ni la singularidad que predica Kurzweil. Solo quieren la PlayStation 4. Precio: 399 euros. Potencia: 1,84 teraflops. La misma capacidad de cálculo que la supercomputadora militar más avanzada del mundo en 1997 ahora cabe bajo tu televisor y la usas para matar zombies en el salón de tu casa.

El salto es obsceno. En apenas década y media, el poder computacional se democratizó hasta convertirse en juguete. Pero, mientras los *gamers* celebraban sus gráficos hiperrealistas, algo más siniestro germinaba en los laboratorios de Silicon Valley. Porque la PlayStation era solo la punta del iceberg, el síntoma visible de una transformación subterránea que estaba a punto de emerger.

Tres años después, en 2015, mientras millones jugaban con sus consolas, Google anunciaba que su algoritmo de reconocimiento de imágenes había superado a los humanos. Un año más tarde, AlphaGo humillaba a Lee Sedol en go, un juego exponencialmente más complejo que el ajedrez. En 2017, AlphaZero aprendió a jugar ajedrez, shogi y go desde cero, sin intervención humana, y en cuestión de horas superó a todos los grandes maestros de la historia. En 2020, GPT-3 empezó a escribir ensayos indistinguibles de los humanos. En 2022, DALL-E y Midjourney comenzaron a soñar imágenes que nunca existieron. En 2023, ChatGPT alcanzó cien millones de usuarios en dos meses, el crecimiento más rápido de cualquier aplicación en la historia.

Esta aceleración vertiginosa revela algo fundamental sobre el momento que vivimos. Durante dos siglos, desde que James Watt perfeccionó la máquina de vapor en 1769, la humanidad persiguió un sueño: liberarnos del trabajo físico. Las máquinas harían el trabajo sucio mientras nosotros nos dedicábamos a pensar, crear, imaginar. Primero fueron los músculos. Ahora, sin que nos diéramos cuenta, mientras jugábamos a videojuegos y hacíamos *scroll* en Instagram, les ha llegado el turno a los cerebros.

Vienen los robots

> De la esclavitud de la máquina depende el futuro del mundo.
>
> Oscar Wilde

La palabra «robot» viene del checo *robota*: trabajo forzado, servidumbre, la labor que los siervos debían a sus señores feudales. Karel Čapek la acuñó en 1920, pero la idea es mucho más antigua. En 1890, Oscar Wilde escribió: «Las máquinas deben trabajar por nosotros en las minas de carbón, deben alimentar las calderas, limpiar las calles, llevar mensajes en días lluviosos, hacer todo lo que sea tedioso o angustiante». Y entonces soltó la bomba filosófica: «Los griegos tenían razón. Para que exista la civilización, alguien debe hacer el trabajo sucio. De la esclavitud mecánica, de la esclavitud de la máquina, depende el futuro del mundo».

Wilde entendió algo que nosotros preferimos ignorar: toda civilización, toda cultura, todo momento de ocio creativo o contemplación filosófica se sostiene sobre una montaña de trabajo tedioso que alguien tiene que hacer. Los griegos lo resolvieron con esclavos humanos. Los romanos también. Los europeos modernos, con siervos primero y proletarios después. Pero la máquina prometía algo revolucionario: esclavos sin dilemas morales, siervos sin derechos que reclamar, trabajadores que nunca se cansan, nunca protestan, nunca exigen.

Y funcionó. Gloriosamente. Un motor de vapor podía hacer el trabajo de cien caballos. Una excavadora reemplazaba a mil hombres con palas. Una cadena de montaje multiplicaba la productividad por factores que habrían parecido brujería a generaciones anteriores. La Revolución Industrial fue, en esencia, la gran emancipación del músculo humano. Ya no necesitábamos rompernos la espalda en los campos, destrozar nuestros pulmones en las minas, consumir nuestro cuerpo en trabajos que una máquina podía hacer mejor, más rápido, sin quejarse.

Pero aquí está el giro fascinante de nuestra época: después de liberar nuestros músculos, las máquinas están liberando nuestros cerebros. Y no hablo de ciencia ficción. Hablo del presente.

Un contable en 1950 pasaba horas sumando columnas de números. Hoy Excel lo hace en microsegundos. Un arquitecto en 1980 dibujaba cada línea a mano. Hoy AutoCAD genera planos complejos con comandos simples. Un investigador en 1990 pasaba semanas en bibliotecas buscando referencias. Hoy Google Scholar las encuentra en un instante. Un traductor en el 2000 consultaba diccionarios y batallaba con modismos. Hoy DeepL traduce documentos enteros con precisión asombrosa.

Claude escribe código que antes requería programadores. Midjourney y Nano Banana crean ilustraciones que antes necesitaban artistas. Los sistemas de diagnóstico médico identifican patologías que antes solo un radiólogo experimentado podía detectar. Los algoritmos de *trading* ejecutan estrategias financieras que antes empleaban a cientos de analistas.

Esto no es la distopía que temíamos. Es algo mucho más interesante: la posibilidad real, tangible, al alcance de la mano, de que el trabajo tal como lo conocemos se vuelva obsoleto. No solo el trabajo físico —ese ya lo conquistamos en parte—, sino el trabajo intelectual rutinario, el trabajo creativo predecible, el trabajo administrativo, el trabajo de oficina, el trabajo de pensar dentro de unos parámetros establecidos.

Uno podría preguntarse con preocupación: ¿y qué queda cuando las máquinas hacen todo el trabajo que puede ser sistematizado, automatizado, algoritmizado? Queda lo genuinamente humano: la capacidad de imaginar lo que no existe, de sentir lo que las máquinas no pueden sentir, de crear significado donde solo hay datos, de hacer las preguntas que nadie ha hecho, de romper las reglas que todos siguen, de amar, de rebelarse, de soñar con futuros imposibles. Los antiguos griegos, esos que Wilde admiraba, tenían una palabra para la vida dedicada a la excelencia personal, al cultivo del conocimiento, a la participación en la vida pública, al desarrollo del potencial humano: *areté*. Solo que ellos lo reservaban para los ciudadanos libres. Los esclavos hacían posible el *areté*, pero no podían participar de él.

Esa es la promesa, al menos. La utopía que venden desde Silicon Valley entre *smoothies* de kale y sesiones de ayahuasca. Pero hay un problema con las liberaciones: dependen de quién controle las llaves. La máquina de vapor liberó a los obreros del trabajo manual para entregarlos a las terroríficas fábricas de Manchester. Internet iba a democratizar el conocimiento y nos dio Cambridge Analytica manipulando elecciones y granjas de *trolls* rusos. La inteligencia artificial promete liberarnos del trabajo cognitivo, pero ¿para entregarnos a qué? ¿A la contemplación filosófica o al desempleo estructural? ¿Al ocio creativo o a la irrelevancia existencial?

Porque esta es la verdad incómoda que los tecnoprofetas omiten: toda tecnología de liberación es también una tecnología de control. Y en este momento, mientras celebramos que ChatGPT nos escriba emails y Midjourney nos dibuje sueños, un puñado de corporaciones está acumulando un poder sin precedentes en la historia humana. No el poder sobre los medios de producción, que ya es del siglo pasado. El poder sobre los medios de cognición. El monopolio del pensamiento mismo.

El futuro del trabajo (o cómo aprendimos a ser irrelevantes)

> El trabajo nunca fue concebido para hacer al hombre libre, sino para liberar a otros del esfuerzo.
>
> Hannah Arendt

Isaac Asimov lo vio venir con décadas de anticipación. En 1964, mientras el mundo se maravillaba con la Feria Mundial de Nueva York y sus promesas de ciudades submarinas y colonias lunares, el escritor y bioquímico predijo que «la humanidad se convertiría básicamente en una raza de cuidadores de máquinas». Técnicos especializados que mantendrían funcionando los complejos sistemas automatizados de los que dependería la civilización.

Tenía razón, pero se quedó corto. Los cuidadores de máquinas existieron, claro, durante unas cuantas décadas. Programadores, ingenieros de sistemas, administradores de redes. Pero ahora las máquinas están aprendiendo a cuidarse solas. Los algoritmos de mantenimiento predictivo anticipan las fallas antes de que ocurran. Los sistemas de autorreparación corrigen errores sin intervención humana. La inteligencia artificial optimiza su propio código. Incluso los robots que cuidan máquinas están siendo reemplazados por otras máquinas que se cuidan a sí mismas.

Los economistas tienen un chiste que circula en sus conferencias: «La fábrica del futuro tendrá solo dos empleados: un hombre y un perro. El hombre estará allí para alimentar al perro. El perro estará allí para impedir que el hombre toque la maquinaria». La primera vez que lo escuchas, provoca una sonrisa incómoda. La décima vez, cuando acabas de ver cómo otro departamento entero fue reemplazado por un software, ya no tiene gracia. Es una profecía.

La aritmética de la obsolescencia

> El objetivo del futuro es el pleno desempleo, para que podamos jugar.
>
> ARTHUR C. CLARKE

En 2013, Carl Benedikt Frey y Michael Osborne, dos investigadores de Oxford, publicaron un estudio que sacudió los cimientos del mundo laboral. Analizaron 702 ocupaciones en Estados Unidos y calcularon que el 47 por ciento corrían alto riesgo de automatización. En Europa, la cifra subía al 54 por ciento. El horizonte temporal: las próximas dos décadas. Y eso fue antes del boom de las inteligencias artificiales, que vendría una década después.

Los números son abstractos hasta que los traduces a rostros. Tres millones y medio de camioneros en Estados Unidos. Es el trabajo más común en veintinueve de sus cincuenta estados. Gente que ha construido su vida alrededor de mover mercancías de costa a costa, que conoce cada área de descanso, cada atajo, cada restaurante de carretera donde el café no sabe a alquitrán. Y ahora Tesla, Waymo, TuSimple y una constelación de *start-ups* están perfeccionando camiones que no necesitan dormir, no se cansan, no tienen puntos ciegos. Un camión autónomo puede rodar sin parar, deteniéndose solo para recargar. La economía es implacable en su lógica: un conductor humano es un *bug* en el sistema, no una característica.

Pero el tsunami no discrimina entre volantes y corbatas. Los radiólogos, con sus seis años de especialización y sus salarios de seis cifras, descubren que un algoritmo entrenado con millones de imágenes detecta tumores con mayor precisión que ellos. Los abogados corporativos, esos que cobran doscientos euros la hora por revisar contratos, ven cómo un programa de procesamiento de lenguaje natural hace en segundos lo que ellos tardan días. Los analistas financieros que escriben reportes sobre ganancias trimestrales compiten con *bots* que publican la noticia tres segundos después de que salgan los números, con mejor gramática y sin resaca del viernes.

El patrón es claro como el agua: cualquier trabajo que pueda ser reducido a patrones, por complejos que sean, está en la línea de fuego. Diagnosticar enfermedades basándose en síntomas: patrón reconocible. Traducir documentos legales: patrón reconocible. Componer música rápida para publicidad: patrón reconocible. Diseñar interfaces de usuario: patrón reconocible. Escribir código: patrón reconocible.

Sí, escribir código. La ironía es brutal. Durante dos décadas nos dijeron que programar era el futuro, que todos debíamos aprender Python, que los programadores serían los nuevos amos del universo. «Aprende a programar», gritaban desde cada TED *Talk* y cada artículo de LinkedIn. GitHub Copilot y ChatGPT ahora escriben código mejor que la mayoría de los desarrolladores júnior. Nadie les avisó a los evangelistas del código que las máquinas aprenderían más rápido.

Los últimos humanos de pie

Los supervivientes laborales son una paradoja económica que haría reír a Marx. El fontanero está más seguro que el radiólogo: es más barato pagarle cincuenta euros la hora que desarrollar un robot capaz de navegar el caos único de las tuberías de cada casa, con sus décadas de remiendos improvisados y soluciones creativas. La peluquera sobrevive mientras el analista financiero desaparece: cortar pelo requiere una destreza física contextual, además de esa capacidad humana de fingir que te importa la historia del divorcio de la clienta. El jardinero, el masajista, el chef de alta cocina: todos los trabajos que requieren presencia física impredecible o ese intangible llamado «toque humano» tienen un salvoconducto. Por ahora.

Boston Dynamics ya tiene robots que hacen *backflips* mejor que muchos gimnastas olímpicos. Los dedos robóticos son cada vez más precisos, capaces de enhebrar una aguja o tocar a Chopin. La visión artificial mejora exponencialmente cada año. Es cuestión de tiempo, costos y economías de escala. Lo que hoy cuesta un millón, mañana costará mil, pasado mañana será una app gratuita con anuncios.

Incluso los bastiones de lo «intrínsecamente humano» están cediendo territorio. Un estudio de 2019 reveló que los pacientes se sentían más cómodos discutiendo problemas emocionales con un terapeuta virtual que con uno humano. No juzga, siempre está disponible, nunca mira el reloj, nunca pierde la paciencia, nunca te encuentra por casualidad en el supermercado cuando estás comprando tres botellas de vino un martes. En Japón, robots budistas ofician funerales con una solemnidad impecable, sin el inconveniente de tener que fingir tristeza por el difunto. En China, jueces artificiales procesan casos menores con una eficiencia que avergüenza al sistema tradicional. En Corea del Sur, presentadores virtuales leen las noticias sin tropezarse nunca con las palabras, sin opiniones que se filtren, sin días malos.

El martillo de Donner

Una anécdota de los años sesenta captura perfectamente nuestra situación actual. Cuando el nieto de Henry Ford invitó al líder sindical Walter Reuther a visitar la nueva fábrica automatizada de la compañía, le preguntó en broma: «Walter, ¿cómo va a conseguir que esos robots paguen sus cuotas sindicales?». Sin perder la compostura, Reuther respondió: «Henry, ¿cómo va a conseguir que los robots compren sus coches?».

Ahí está el cortocircuito del capitalismo tardío. Un sistema basado en el consumo masivo que sistemáticamente elimina a los consumidores. Es como organizar una fiesta y luego ir desinvitando a todos los invitados, uno por uno, mientras te preguntas por qué nadie baila.

Los optimistas tecnológicos —esa especie cada vez más acorralada que habita en los departamentos de innovación de las universidades y en los pódcasts patrocinados por empresas tecnológicas— recitan el mantra de siempre: la destrucción creativa, el círculo virtuoso de la innovación. Cuando el automóvil eliminó a los herreros, nacieron los mecánicos. Cuando las computadoras jubilaron a los mecanógrafos, aparecieron los programadores. Siempre surgen nuevos trabajos, insisten, siempre.

Pero esta vez la ecuación es distinta. No estamos automatizando tareas específicas, sino la capacidad misma de aprender cualquier tarea. No estamos reemplazando habilidades particulares, sino la adaptabilidad humana. Un modelo de lenguaje grande puede aprender casi cualquier trabajo intelectual con las instrucciones correctas. Un robot con inteligencia artificial (IA) puede dominar casi cualquier trabajo físico con el entrenamiento adecuado. La ventaja competitiva del ser humano —nuestra flexibilidad, nuestra capacidad de aprender, nuestra creatividad— está siendo poco a poco replicada y superada. Es como si hubiéramos estado compitiendo en una carrera y, de pronto, descubriéramos que nuestros oponentes aprendieron a teletransportarse.

Claro, siempre existe la opción nuclear. El gran maestro de ajedrez holandés Jan Hein Donner tuvo clara su estrategia si hubiera tenido que enfrentarse a una computadora: «Llevaría un martillo», dijo. Simple, directo, efectivo.

No hubiera sido el primero. Se dice que el emperador del Sacro Imperio Romano Germánico Francisco II se negó rotundamente a permitir la construcción de fábricas y ferrocarriles en sus dominios. «No, no, no tendré nada que ver con ello —declaró—, no sea que la revolución llegue al país». Su resistencia hizo que en la primera parte del siglo xix hubiese trenes austriacos tirados por caballos, en lo que debe de ser el ejemplo más glorioso de la historia de terquedad imperial.

Pero el ludismo, sea con martillo o decreto imperial, es como intentar detener la marea con las manos. La tecnología no retrocede. Los luditas originales, aquellos tejedores ingleses que destruían telares mecánicos en el siglo xix, no lograron detener la Revolución Industrial. Solo consiguieron que los llamaran luditas, que no es precisamente un cumplido.

La liberación que tememos celebrar

> El reino de la libertad solo puede comenzar allí donde termina el trabajo impuesto por la necesidad.
>
> Karl Marx

> La automatización ha hecho posible la libertad, pero el capitalismo no sabe qué hacer con ella.
>
> Franco «Bifo» Berardi

Hay una escena que se repite miles de veces al día en los supermercados del mundo: una persona sentada ocho horas pasando productos por un escáner. Bip. Bip. Bip. El sonido de una vida consumiéndose en intervalos de código de barras. Levanta el pack de yogures, lo pasa por el lector, lo desliza hacia la bolsa. Repite. Quinientas, mil, dos mil veces al día. Al final del turno, dolor en las muñecas, en la espalda. En el alma. Mañana, más de lo mismo.

¿Alguien en su sano juicio puede defender que esto es un trabajo digno de un ser humano? ¿Que esta es una manera noble de gastar las escasas décadas que tenemos en este planeta? ¿Que deberíamos preservar estos puestos por nostalgia ludita o pánico económico?

La destrucción del trabajo basura no es una tragedia. Es una liberación que llegó con siglos de retraso.

Pensemos en las fábricas textiles del siglo XIX, esas que los luditas querían proteger. Niños de ocho años trabajando catorce horas al día, perdiendo dedos en las máquinas, respirando fibras de algodón hasta que sus pulmones se convertían en mapas de cicatrices. Cuando el telar mecánico los reemplazó, ¿fue una pérdida o una liberación? Cuando la máquina de vapor eliminó la necesidad de que cientos de hombres palearan carbón en el vientre de un barco, ¿lloramos por esos empleos perdidos?

El problema no es que las máquinas destruyan trabajos. El problema es que hemos construido una civilización tan perversa que la gente necesita esos trabajos deshumanizantes para sobrevivir. Nadie se pasa ocho horas haciendo bip porque sea su vocación existencial. Lo hace porque necesita pagar el alquiler. Un operario no atornilla la misma pieza diez mil veces al día porque encuentre significado transcendental en ello. Lo hace porque tiene hijos que alimentar.

La inteligencia artificial y la automatización no son el enemigo. Son la llave de una cárcel que nosotros mismos construimos. Por primera vez en la historia humana, tenemos la posibilidad real de eliminar el trabajo alienante, repetitivo, embrutecedor. No algunos trabajos. Todos los trabajos que nadie elegiría hacer si no necesitara el dinero.

¿Operadores de *call center* leyendo el mismo texto quinientas veces al día? Que lo haga un *chatbot*. ¿Conductores de Uber quemando su vida en atascos interminables? Que lo hagan coches autónomos. ¿Oficinistas rellenando formularios, copiando datos de una hoja de cálculo a otra? Algoritmos. ¿Trabajadores de Amazon corriendo entre estanterías hasta que sus rodillas revientan? Robots. ¿Moderadores de contenido viendo las peores atrocidades de internet hasta desarrollar trastorno por estrés postraumático? Inteligencia artificial.

Esta es la ironía gloriosa de nuestro momento: el capitalismo, en su búsqueda obsesiva de eficiencia y beneficio, ha creado las herramientas de su propia obsolescencia. Las corporaciones, en su afán por reducir costos laborales, han financiado sin querer la tecnología que hace imposible el capitalismo tal como lo conocemos.

Porque ¿qué es el capitalismo sin trabajo asalariado? ¿Qué es un sistema basado en vender tu tiempo y energía cuando las máquinas no necesitan ni lo uno ni lo otro? ¿Cómo funciona una economía de consumo cuando los consumidores no tienen salarios porque los robots hacen todo el trabajo?

Los tecnócratas del Silicon Valley creen tener la respuesta: la renta básica universal. Dale a todos un cheque mensual y que sigan comprando. Problema resuelto. Pero esto es como poner una tirita en una amputación. La renta básica universal dentro del capitalismo es simplemente subsidiar el consumo para que las corporaciones puedan seguir vendiendo. Es convertir a toda la humanidad en una clase dependiente, mantenida con vida para que el sistema no colapse.

No. La respuesta no es parchar el capitalismo. Es superarlo. Y nunca hemos tenido una oportunidad mejor que ahora.

Marx soñaba con la revolución del proletariado, pero necesitaba que los trabajadores tomaran los medios de producción. ¿Qué pasa cuando los medios de producción no necesitan trabajadores? ¿Qué pasa cuando una fábrica completamente automatizada puede producir en abundancia sin un solo empleado? La revolución del siglo XXI no será tomar las fábricas. Será redefinir para qué y para quién producen.

Imagina un mundo donde la producción automatizada esté al servicio de las necesidades humanas, no del beneficio corporativo. Donde las granjas verticales robotizadas produzcan alimentos para todos, no para quien pueda pagarlos. Donde las fábricas de ropa automatizadas vistan a la humanidad, no a las cuentas bancarias de los accionistas. Donde la inteligencia artificial optimice la distribución de recursos para el bienestar colectivo, no para la acumulación privada.

Esto no es utopía tecnológica. Es una posibilidad material, concreta, al alcance de nuestras manos. Los medios de producción están listos. La tecnología existe. Lo único que falta es la voluntad política de decir: si las máquinas hacen el trabajo, los beneficios deben ser de todos.

El verdadero escándalo no es que un robot pueda hacer tu trabajo. Es que en pleno siglo XXI, con toda la tecnología que tenemos, todavía obliguemos a la gente a desempeñar actividades que los destruyen física y mentalmente solo para justificar su derecho a existir. Es que tengamos la capacidad técnica de liberar a la humanidad del trabajo alienante y, en lugar de celebrarlo, entremos en pánico porque no sabemos cómo distribuir la abundancia sin la mediación del salario.

Los luditas del siglo XIX destruían telares porque veían en ellos su ruina económica. Tenían razón en temer por su sustento inmediato, pero se equivocaban en el enemigo. El problema no era la máquina. Era un sistema que los condenaba a morir de hambre si una máquina podía hacer su trabajo.

Doscientos años después, seguimos cometiendo el mismo error. Culpamos a la inteligencia artificial, a los robots, a la automatización, cuando el problema es un sistema económico que convierte la liberación del trabajo en una amenaza existencial. Un sistema tan absurdo que prefiere inventar «empleos basura» antes que admitir que ya no necesitamos que todos trabajen cuarenta horas a la semana.

El trabajo, tal como lo conocemos, es una invención reciente. Durante la mayor parte de la historia humana, la gente trabajaba lo necesario para sobrevivir y dedicaba el resto del tiempo a vivir. Fueron el capitalismo industrial y su ética protestante los que convirtieron el trabajo constante en virtud y el ocio en pecado. Los que nos convencieron de que nuestro valor como seres humanos se mide en productividad.

Ahora, cuando las máquinas pueden ser productivas por nosotros, tenemos la oportunidad de corregir este error histórico. De volver a una vida donde el trabajo sea solo una parte, y no la totalidad, de la existencia humana. Donde el ocio creativo, el juego, el aprendizaje, el amor, la contemplación no sean lujos de fin de semana, sino el tejido mismo de la vida cotidiana.

El tiempo liberado por la automatización no es un problema que resolver. Es un regalo para celebrar. La verdadera pregunta no es cómo crear empleos artificiales para mantener a la gente ocupada. Es cómo construir una sociedad donde la gente pueda florecer sin necesidad de vender su tiempo para sobrevivir.

Y sí, esto requiere una revolución. No una revolución violenta, sino civilizatoria. Un cambio fundamental en cómo entendemos el trabajo, el valor, la distribución de recursos, el propósito de la economía. El capitalismo sin trabajo asalariado es una contradicción en términos. Por eso, este es el momento perfecto para imaginar qué viene después.

¿Nos gobernará una IA?

> Las grandes plataformas no son mercados: son economías planificadas con un solo propietario.
>
> Jaron Lanier

El comunismo soviético fracasó por muchas razones, pero una de las más mundanas fue esta: no sabían cuántos zapatos necesitaba Vladivostok. Un burócrata en Moscú, mirando reportes de hacía seis meses, traducidos tres veces, filtrados por veinte niveles de jerarquía, decidía que una ciudad necesitaba dos mil pares de botas de trabajo de la talla 42. Luego llegaban tres mil pares de zapatos de vestir de la 38. Y al final los almacenes se llenaban de productos que nadie quería mientras las estanterías de lo necesario permanecían vacías.

El Gosplán, el comité de planificación central soviético, empleaba a medio millón de personas que intentaban calcular qué producir, cuánto, dónde, cuándo. Usaban modelos matemáticos, tablas *input-output*, cálculos heroicos. Y, aun así, el sistema colapsaba constantemente en cuellos de botella absurdos: fábricas de tractores sin ruedas, hospitales sin antibióticos, ciudades enteras sin papel higiénico, mientras los almacenes de al lado se llenaban de toneladas de rollos.

El capitalismo se burló durante décadas de esta ineficiencia. El mercado, decían sus apologistas, es el único sistema capaz de procesar la información infinitamente compleja de las necesidades humanas. Los precios son señales, la oferta y demanda son algoritmos naturales, la mano invisible es el único planificador central que funciona. Friedrich Hayek ganó gran fama por explicar por qué el socialismo era imposible: ningún comité central podría nunca procesar toda la información dispersa que el mercado procesa automáticamente.

Tenía razón. En 1950. En 1980. Incluso en el año 2000. Pero ya no.

Walmart procesa 2,5 petabytes de datos cada hora. Conoce los patrones de compra de 265 millones de clientes; predice con precisión cuántos paraguas se venderán en Arkansas si el pronóstico da un 60 por ciento de probabilidad de lluvia; ajusta los inventarios en tiempo real basándose en eventos locales, tendencias de Twitter, temperaturas esperadas. Amazon sabe qué vas a comprar antes que tú. Su algoritmo de recomendación procesa más variables en un segundo que todo el Gosplán soviético en un año.

La ironía es brutal: las corporaciones capitalistas han demostrado que la planificación central funciona. Amazon, Walmart, Alibaba son economías planificadas centralmente más grandes que muchos países. No usan precios internos. No tienen mercados entre departamentos. Son estructuras de comando y control que harían sonrojar a cualquier comisario soviético. Y funcionan con una eficiencia con la que el capitalismo de mercado solo puede soñar.

Pero aquí está el truco: lo hacen para maximizar beneficios, no bienestar humano. Amazon sabe perfectamente qué necesita cada vecindario, cada calle, cada casa. Pero solo te lo envía si puedes pagar. Walmart podría eliminar el desperdicio de alimentos con su sistema de distribución, pero es más rentable tirar comida que regalarla. El capitalismo ha creado las herramientas técnicas para el comunismo mientras mantiene las relaciones sociales del feudalismo digital.

Imagina esos mismos sistemas, esa misma capacidad de procesamiento, esa misma inteligencia artificial, pero liberada de la tiranía del beneficio. Una IA que optimice para necesidades humanas, no para los resultados trimestrales. Que calcule no solo qué generará más retorno para los accionistas, sino qué producirá mayor bienestar social.

No estamos hablando de un HAL 9000 —la super-computadora de *2001: Una odisea del espacio*— tomando decisiones arbitrarias. Estamos hablando de democracia aumentada por inteligencia artificial. Imagina asambleas locales donde la gente expresa sus necesidades y preferencias, en lugar de cada cuatro años en una urna, continuamente a través de sus acciones, sus consumos, sus deseos manifestados. La IA no decide qué necesitas: procesa lo que millones expresan que necesitan y optimiza la producción y distribución para satisfacerlo.

El comunismo del siglo xx falló porque dependía de la sabiduría imposible de burócratas falibles. Un ministro decidía que el país necesitaba más acero y toda la economía se volcaba a producir acero que nadie había pedido. El Partido decidía que el arte abstracto era burgués y generaciones de artistas desperdiciaban su talento pintando tractores heroicos.

Pero ¿qué pasa cuando puedes conocer en tiempo real, con precisión milimétrica, qué necesita cada comunidad, cada familia, cada individuo? ¿Qué pasa cuando puedes predecir con meses de anticipación dónde habrá escasez y ajustar la producción automáticamente? ¿Qué pasa cuando la planificación no depende de ideología, sino de datos; no de política, sino de patrones; no de corazonadas, sino de ciencia?

El desperdicio del capitalismo es obsceno cuando lo cuantificas. Un tercio de toda la comida producida se tira a la basura mientras mil millones de personas padecen hambre. Ciudades llenas de casas vacías mientras la gente duerme en la calle. Ropa incinerada para mantener los precios mientras otros tiemblan de frío. Medicinas que cuestan céntimos de producir vendidas a precios que significan muerte para quienes no pueden pagarlos.

Una economía planificada por IA podría eliminar este desperdicio criminal. Producir exactamente lo necesario, distribuirlo donde se necesita, cuando se necesita. Sin sobreproducción que destruye el planeta, sin escasez artificial que mata de hambre, sin la esquizofrenia de un sistema que prefiere destruir bienes antes que regalarlos.

Los datos existen. Los sensores están en todas partes. Tu teléfono, tu refrigerador, tu automóvil… Todo genera información sobre necesidades y consumos. El capitalismo usa estos datos para venderte cosas que no necesitas. El comunismo digital podría usarlos para asegurar que todos tengan lo que necesitan.

Pero —y este es el pero crucial— no puede ser el comunismo autoritario del siglo xx con algoritmos. No puede ser el Partido decidiendo qué es mejor para ti, ahora con *machine learning*. Tiene que ser radicalmente democrático, transparente, modificable por las comunidades a las que sirve.

El código debe ser abierto. Los algoritmos, auditables. Las decisiones, explicables. Los ciudadanos han de poder ver exactamente por qué la IA recomienda producir X cantidad de Y producto. Han de poder objetar, modificar, vetar. La IA no gobierna: facilita la gobernanza colectiva a una escala y con una precisión imposible sin ella.

El verdadero salto civilizatorio no es crear una IA que nos gobierne. Es crear una IA que haga posible que nos gobernemos a nosotros mismos de manera genuinamente democrática y eficiente. Que elimine la necesidad de representantes que decidan por nosotros, de burócratas que interpreten nuestras necesidades, de mercados que racionen según la capacidad de pago.

La pregunta no es si queremos que un ordenador nos gobierne. Es si preferimos la anarquía ineficiente del mercado o la inteligencia colectiva aumentada por máquinas. Si elegimos la escasez artificial del capitalismo o la abundancia planificada del comunismo digital. Si usamos la IA para concentrar poder en pocas manos o para distribuirlo entre todos.

El comunismo fracasó en el siglo XX porque la tecnología no estaba lista. Ahora lo está. La verdadera pregunta es si nosotros estamos listos para ella.

¿Nos reprimirá una IA?

Pero aquí está la trampa. Todo ese futuro luminoso del que hablábamos —la liberación del trabajo alienante, la planificación perfecta, el comunismo digital— depende de un detalle que no podemos ignorar: ¿quién está construyendo realmente la inteligencia artificial?

Porque mientras soñamos con algoritmos que liberen a la humanidad, los algoritmos reales, los que se están codificando ahora mismo en laboratorios con guardias de seguridad y acuerdos de confidencialidad, tienen otros planes. No son herramientas neutrales esperando a ser usadas para el bien común. Son instrumentos diseñados desde su primera línea de código para un objetivo muy específico: la extracción de valor y la concentración de poder.

El desarrollo de la IA no está ocurriendo en universidades públicas o institutos de investigación abiertos. Está ocurriendo tras las puertas cerradas de corporaciones que invierten miles de millones no por altruismo tecnológico, sino porque ven en la IA la última frontera de la dominación económica. Cada modelo de lenguaje, cada red neuronal, cada algoritmo de optimización nace ya con su pecado original: servir al capital, no a la humanidad.

Y esto cambia todo. Porque una IA entrenada para maximizar beneficios no puede simplemente reprogramarse para maximizar bienestar. Sus sesgos están integrados en su arquitectura, en sus datos de entrenamiento, en las métricas que definen su éxito. Es como esperar que un lobo criado para cazar ovejas se convierta de pronto en su pastor.

El tecnofeudalismo que se avecina no necesita castillos ni ejércitos. Su poder reside en algo mucho más sutil: la arquitectura misma de la realidad digital que habitamos cada vez más. Cuando toda la actividad económica pasa por plataformas privadas, cuando la IA que gestiona estas plataformas es propiedad corporativa, cuando el acceso a estas herramientas determina tu capacidad de existir en la sociedad moderna, hemos recreado el feudalismo con silicio en lugar de piedra.

El siervo medieval estaba atado a la tierra; el siervo digital está atado a la plataforma. El señor feudal controlaba los molinos donde se molía el grano; el tecnócrata controla los servidores donde se procesan los datos. La diferencia es que el feudalismo clásico era transparente en su opresión. Sabías quién era tu señor, dónde estaba su castillo, qué parte de tu cosecha le debías. El nuevo feudalismo es opaco, algorítmico, se presenta como progreso inevitable y servicio desinteresado.

Pensemos en lo que significa en realidad que el desarrollo de la IA esté completamente privatizado. No estamos hablando de una tecnología más entre muchas. Estamos hablando de la tecnología que determinará todas las demás. La IA que diseñará los medicamentos del futuro, que predecirá las cosechas, que gestionará las ciudades, que tomará decisiones judiciales, que escribirá las leyes, que educará a los niños. Cada una de estas capacidades, en manos privadas, se convierte en un punto de extracción de renta perpetua.

¿Necesitas un diagnóstico médico preciso? Paga la suscripción al servicio de IA médica. ¿Quieres optimizar la producción de tu granja? Alquila el modelo de predicción agrícola. ¿Tu ciudad necesita reducir el tráfico? Contrata el sistema de gestión urbana inteligente. La IA no se vende: se alquila. No la posees, sino que la usas bajo los términos y condiciones del propietario. Es el modelo de software como servicio llevado a su conclusión lógica: la realidad como servicio.

Y aquí está la trampa diabólica: una vez que dependes de estas herramientas, no puedes volver atrás. Un hospital que usa IA para diagnósticos no puede simplemente volver a los métodos tradicionales; ya no tiene radiólogos suficientes. Una ciudad que gestiona su tráfico con algoritmos no puede regresar al caos; el sistema colapsaría en horas. Una empresa que optimiza con IA no puede competir sin ella; quebraría en meses.

Esta dependencia no es accidental. Es el modelo de negocio: crear herramientas tan poderosas que se vuelvan imprescindibles, luego cobrar renta perpetua por su uso. Es el sueño último del capitalismo: no vender productos, sino crear dependencias. No competir en el mercado, sino convertirse en el mercado mismo.

El problema se agrava porque la IA no es como otras tecnologías. Un martillo es un martillo, lo use quien lo use. Pero una IA entrenada con ciertos datos, con ciertos sesgos, con ciertos objetivos, reproduce y amplifica la visión del mundo de sus creadores. Una IA entrenada para maximizar beneficios verá el mundo como un problema de optimización de beneficios. Una entrenada para maximizar *engagement* verá a los humanos como máquinas de generar clics. Una entrenada para identificar «anomalías» verá la disidencia como un error que debe ser corregido.

Cuando estas IA privadas constituyen la infraestructura de la sociedad, sus sesgos se convierten en nuestra realidad. Sus prioridades se vuelven las únicas prioridades posibles. Sus limitaciones definen los límites de lo imaginable. No es conspiración: es arquitectura. No necesitas un plan maestro cuando el propio sistema genera los resultados deseados.

La democracia, en este contexto, se vuelve cada vez más teatral. Puedes votar por el partido que quieras, pero si la infraestructura económica, comunicacional, logística está gestionada por IA privadas, las políticas posibles están predeterminadas. Es como dejar que la gente elija el color del coche mientras el motor, la dirección y el destino están preprogramados. Los gobiernos se convierten en administradores de las consecuencias sociales de decisiones tomadas por algoritmos sobre los que no tienen ningún control.

Gestionan el desempleo masivo que genera la automatización que no regulan. Subsidian a los millones desempleados por sistemas que no comprenden. Intentan parchear con políticas sociales los cráteres creados por tecnologías que avanzan más rápido que cualquier capacidad legislativa. Son como alcaldes medievales intentando gestionar una ciudad mientras el señor feudal controla todos los recursos vitales.

Y, mientras tanto, la concentración de poder se acelera exponencialmente. Porque la IA tiene efectos de red que se retroalimentan: cuantos más datos tienes, mejor es tu IA. Cuanto mejor es tu IA, más usuarios atraes. Cuantos más usuarios tienes, más datos generas. Es un ciclo que lleva inevitablemente al monopolio. No por maldad o conspiración, sino por la lógica inherente de la tecnología.

En este mundo que se está construyendo ante nuestros ojos, la verdadera división no será entre izquierda y derecha, ni siquiera entre ricos y pobres en el sentido tradicional. Será entre quienes poseen IA y quienes son procesados por ella. Entre los señores del algoritmo y los siervos de datos. Entre quienes escriben el código que estructura la realidad y quienes viven dentro de esa estructura sin poder modificarla.

La alternativa —ese comunismo digital del que hablábamos, esa IA democrática y abierta, esa planificación algorítmica para el bien común— no es una fantasía imposible. Es técnicamente factible, económicamente viable, socialmente necesaria. Pero requiere algo que el momento actual hace casi impensable: arrebatar el control del desarrollo de IA al capital privado antes de que sea demasiado tarde.

Porque cada día que pasa con la IA desarrollándose en exclusiva en laboratorios corporativos, con modelos entrenados solo con objetivos comerciales, con algoritmos optimizados únicamente para beneficio privado, es un día más cerca del tecnofeudalismo consolidado y más lejos de cualquier posibilidad de liberación tecnológica.

Dijimos antes que el comunismo del siglo XX fracasó, entre otras razones, porque llegó demasiado pronto. No tenía las herramientas tecnológicas para hacer realidad sus promesas de abundancia y planificación racional. El comunismo del siglo XXI puede fracasar por llegar demasiado tarde, cuando las herramientas ya estén completamente capturadas por intereses privados, cuando la arquitectura del control ya esté tan integrada en el tejido de la realidad que desarmarla sea imposible sin colapsar la civilización misma.

La ventana de oportunidad se está cerrando. No es alarmismo, es matemática. Los efectos de red, las ventajas del primer movedor, la acumulación de datos... Todo apunta hacia una consolidación que pronto será irreversible. Una vez que el tecnofeudalismo se cristalice, una vez que toda la infraestructura vital dependa de IA privadas, revertirlo será tan difícil como fue acabar con el feudalismo clásico: siglos de luchas, revoluciones, sangre.

La pregunta no es si queremos un mundo gestionado por IA. Ese mundo ya está aquí, creciendo, aprendiendo, optimizando. La pregunta es si esa inteligencia servirá a la humanidad o a sus propietarios. Si optimizará para el florecimiento humano o para la extracción de valor. Si liberará nuestro potencial o nos convertirá en otro recurso que explotar.

Y la respuesta a esa pregunta se está escribiendo ahora mismo, en cada línea de código, en cada modelo que se entrena, en cada decisión sobre quién controla la tecnología que controlará todo lo demás.

EL REMOLINO DEL PRESENTE

Ocho mil millones de soledades

> El número de seres humanos vivos hoy desafía cualquier imaginación anterior. Vivimos en la era de las magnitudes descomunales.
>
> VACLAV SMIL

Mientras lees esta línea, acaban de nacer tres personas. Antes de que termines este párrafo, habrán nacido quince más y habrán muerto seis. No son estadísticas: son partos de verdad, últimos suspiros reales, madres que gritan, médicos que corren, familias que lloran o celebran. Pero la velocidad es tal que nuestra mente los convierte en números. Tres nacimientos por segundo. Una muerte cada dos. El contador no para nunca. Es el latido del planeta.

Existe una web llamada Worldometer que muestra estas cifras en tiempo real. Es una experiencia casi psicodélica: los números suben tan rápido que producen vértigo. Cada día, el planeta suma ciento cincuenta mil nuevos habitantes netos. Es como si cada veinticuatro horas apareciera de la nada una ciudad del tamaño de Burgos o Pamplona. Una ciudad entera, con sus esperanzas, sus traumas, sus futuros inciertos. Y mañana, otra. Y pasado mañana, otra más.

En noviembre de 2022, según la ONU, cruzamos la frontera de los ocho mil millones de personas. Ocho seguido de nueve ceros. Una cifra que escapa a cualquier comprensión humana real. Intentemos un ejercicio mental: si quisieras conocer personalmente a cada ser humano vivo y dedicaras solo un segundo a cada uno —un segundo, ni siquiera un apretón de manos—, necesitarías 253 años sin dormir, sin comer, sin hacer absolutamente nada más que contar personas. Y cuando terminaras, habrían nacido otros diez mil millones.

La gran aceleración (o cómo tu abuelo vivió en cuatro planetas diferentes)

Aquí viene lo verdaderamente alucinante. Hace apenas doce mil años —un suspiro en términos geológicos—, cuando inventamos la agricultura y decidimos que perseguir mamuts era demasiado cansado, éramos un millón de personas en todo el planeta. Un millón. Menos gente que la que vive hoy en Valencia. Cabíamos todos en un concierto grande de los Rolling Stones.

Durante milenios, la población se duplicó cada mil años, con la parsimonia de quien no tiene prisa por llegar a ningún sitio. Llegamos a los mil millones en 1830, justo cuando las chimeneas industriales empezaron a escupir su promesa de progreso. Antes de ayer, en términos históricos. Y entonces algo se rompió. O se aceleró. O ambas cosas.

Lo que vino después desafía cualquier precedente histórico. En apenas cien años nos duplicamos. En 1930 éramos dos mil millones. Cuarenta años después, en 1970, cuatro mil millones. Y ahora, en los años veinte de este siglo, hemos vuelto a duplicar esa cifra hasta los ocho mil millones. Si lo piensas bien, alguien nacido en los años treinta ha vivido en un planeta que ha multiplicado por cuatro su población. Tu abuelo nació en un mundo y morirá en otro completamente diferente. No hablo de tecnología o costumbres. Hablo de la densidad misma de la existencia humana.

¿Por qué somos tantos? La respuesta corta (y alegre): porque dejamos de morirnos con tanta facilidad. La higiene, los antibióticos, las vacunas, el agua potable, la comida refrigerada. Todo ese arsenal contra la muerte que construimos con tanto orgullo civilizatorio. Redujimos la mortalidad infantil de manera espectacular. Alargamos la esperanza de vida hasta límites que habrían parecido divinos hace dos siglos.

Es el mayor éxito de nuestra especie y, paradójicamente, podría ser nuestra condena. Porque aquí está la pregunta del millón (o de los ocho mil millones): ¿es sostenible? ¿Puede el planeta —este planeta finito, con sus recursos limitados, sus ecosistemas al borde del colapso— soportar esta marea humana?

La respuesta fácil es culpar a los números. Somos demasiados, dirán algunos, como si el problema fuera la cantidad y no la calidad de nuestra existencia colectiva. Pero fíjate en este detalle perverso: en cada momento de la historia, la humanidad ha creído que había demasiada gente. En 1800, mil millones parecía una cifra apocalíptica. Thomas Malthus escribió su famoso ensayo sobre la población convencido de que el desastre era inminente. No podía imaginar tractores, fertilizantes, refrigeración. No podía imaginar que seríamos ocho veces más y seguiríamos aquí, discutiendo si somos muchos o pocos.

Malthus contra el cuerno de la abundancia

> Quien crea que un crecimiento exponencial puede continuar para siempre en un mundo finito es un loco o un economista.
>
> KENNETH BOULDING

En 1798, cuando Napoleón aún soñaba con conquistar Europa y la Revolución Industrial apenas balbuceaba sus primeras chimeneas, un clérigo británico llamado Thomas Malthus escribió una de las predicciones más influyentes —y más equivocadas— de la historia moderna. Su *Ensayo sobre el principio de la población* era, en esencia, una bomba de relojería intelectual: la humanidad, advertía, se dirigía inexorablemente hacia el colapso. La población crecía de forma geométrica mientras que los alimentos lo hacían de forma aritmética. Las matemáticas eran implacables: demasiadas bocas, demasiado pocas patatas. El resultado inevitable serían las hambrunas, las guerras y la muerte como mecanismos reguladores de una especie que había osado desafiar los límites naturales.

Malthus se equivocó de manera espectacular. Desde que escribió su predicción, hemos pasado de mil millones a ocho mil millones de habitantes, y el planeta no solo nos ha alimentado, sino que, paradójicamente, produce más comida de la que necesitamos. Las hambrunas que asolan ciertas regiones del mundo no responden a una escasez absoluta de recursos, sino a esa vieja conocida de la humanidad: la desigualdad en su distribución. Mientras unos mueren de hambre, otros desperdician toneladas de alimentos. El problema no es la capacidad de carga del planeta, sino nuestra incapacidad política para repartir lo que tenemos.

¿Y qué ocurrió con esta teoría? Frente a la visión malthusiana se alzó entonces la postura cornucopiana, que toma su nombre del cuerno mágico de la mitología griega —la cornucopia— que los dioses regalaron a los mortales y del cual brotaba eternamente todo tipo de frutos y manjares sin jamás agotarse. Una metáfora perfecta para quienes creen que la Tierra es, literalmente, un cuerno de la abundancia infinita al servicio del ingenio humano. Sus defensores, armados con gráficos de productividad agrícola y estadísticas de innovación tecnológica, proclaman que el crecimiento puede ser ilimitado porque nosotros mismos somos los magos capaces de hacer que el cuerno nunca se vacíe. La ingeniería genética, la agricultura vertical, la desalación masiva, la exploración espacial… Para cada problema, una solución técnica. Para cada límite, una innovación que lo supere. El ser humano, según esta visión prometeica, es el único animal capaz de expandir infinitamente su propio hábitat mediante la inteligencia, convirtiendo el planeta entero en una versión tecnificada de aquel cuerno mitológico que derramaba tesoros sin fin.

Y, hasta ahora, los hechos parecen darles la razón. No solo podemos alimentar a ocho mil millones de personas, sino que la esperanza de vida global ha aumentado, la mortalidad infantil ha disminuido y los índices de alfabetización se han disparado. La revolución verde de los años sesenta multiplicó los rendimientos agrícolas; internet conectó cerebros que antes trabajaban aislados; la medicina moderna ha convertido en curables enfermedades que antes eran sentencias de muerte. Cada generación ha vivido mejor que la anterior, al menos en términos agregados. El progreso, esa religión secular de la modernidad, parece validado por la historia.

Pero si algo nos ha enseñado el siglo XXI es que los límites no siempre son visibles hasta que los traspasamos. El cambio climático, la pérdida de biodiversidad, la acidificación de los océanos, el agotamiento de los acuíferos, la acumulación de plásticos… Todos estos fenómenos sugieren que tal vez los malthusianos no se equivocaron en el diagnóstico, sino en el calendario. Y que los cornucopianos, embriagados por dos siglos de éxitos, han confundido una racha de buena suerte con una ley natural. Lo que nos lleva inevitablemente a la pregunta que ninguna de las dos posturas ha querido hacerse de frente: ¿crecer hasta cuándo?

El PIB te miente

> No todo lo que se puede contar cuenta, y no todo lo que cuenta se puede contar.
>
> WILLIAM BRUCE CAMERON

> Lo que medimos afecta a lo que hacemos. Y si medimos lo incorrecto, haremos lo incorrecto.
>
> JOSEPH STIGLITZ

Hay una escena que se repite cada trimestre en las redacciones del mundo: llegan los datos del PIB y los periodistas económicos se apresuran a traducir decimales en titulares. «La economía crece un 2,3 por ciento», celebran unos. «Solo un 1,8 por ciento», lamentan otros. Mientras tanto, en la calle, la gente se pregunta por qué ese crecimiento no llega a sus bolsillos, por qué trabajan más horas para pagar el mismo alquiler, por qué el futuro se parece cada vez menos a una promesa y más a una amenaza.

La paradoja es perversa: vivimos en la época más rica de la historia humana según nuestras métricas oficiales, pero también en la más ansiosa, medicada y apocalíptica. Los números suben mientras el ánimo social se desploma. Es como si midiéramos la salud de un paciente terminal por lo rápido que le crecen las uñas.

Simon Kuznets debe revolverse en su tumba cada vez que un político invoca el PIB como prueba de su exitosa gestión. El economista ruso, que inventó esta métrica en plena depresión de los años treinta para responder una pregunta simple —¿cuánto producimos?—, fue el primero en advertir contra su uso como barómetro del bienestar social. Era una herramienta de guerra, diseñada para contar tanques y bombas, no para medir felicidad o justicia. Pero como tantas tecnologías bélicas, sobrevivió a su propósito original y colonizó la paz.

El problema no es solo que el PIB sea una métrica obsoleta, sino que se haya convertido en una profecía autocumplida. Organizamos nuestras sociedades para maximizar un número que premia la destrucción creativa sobre la creación cuidadosa. Un bosque vale más talado que en pie. Un río, más contaminado que limpio (piensen en todos los empleos que genera la descontaminación). Una sociedad enferma consume más servicios médicos que una sana. La lógica es impecable y demencial a la vez.

Consideremos el absurdo cotidiano: una madre que cuida a sus hijos no aporta al PIB, pero si los deja en una guardería mientras trabaja en una oficina, ambas actividades suman. Un huerto comunitario donde los vecinos intercambian tomates es económicamente invisible, pero si esos mismos tomates viajan tres mil kilómetros en camión hasta un supermercado, cada kilómetro cuenta como progreso. Wikipedia, esa catedral colaborativa del conocimiento humano, aporta menos al PIB global que la industria del tabaco.

Es la tiranía de lo cuantificable. Como aquel borracho que busca las llaves bajo la farola no porque las perdiera ahí, sino porque es donde hay luz, medimos lo que es fácil de medir, no lo que importa. Y luego, en un acto de prestidigitación estadística, declaramos que lo que medimos es lo que importa.

«Hay tres clases de mentiras —decía el primer ministro británico Benjamin Disraeli—: pequeñas mentiras, mentiras gordas y estadísticas». Pero Disraeli se quedaba corto. Las estadísticas no son solo mentiras: son profecías autocumplidas. Organizamos nuestras sociedades para maximizar números que premian la destrucción sobre la creación. Los objetivos de nuestra sociedad obsesionada con el rendimiento no son menos absurdos que los planes quinquenales soviéticos. Al menos Stalin no pretendía que sus números midieran la felicidad.

Gobernar según el PIB es el último recurso de una civilización que ha perdido el rumbo, que ya no sabe qué quiere ser cuando crezca, que ha sustituido los sueños colectivos por hojas de Excel. Es la confesión implícita de que no tenemos utopía, solo métricas. No tenemos horizonte, solo gráficos de rendimiento.

Los tecnócratas dirán que existen alternativas: el índice de desarrollo humano, la felicidad nacional bruta de Bután, el indicador de progreso real. Pero estos intentos de reforma son como ponerle ruedas de bicicleta a un tren descarrilado. El problema no es la métrica: es la compulsión de reducir la complejidad de la vida humana a un número, la fantasía de que podemos optimizar la existencia como si fuera una hoja de cálculo.

Porque detrás de cada número hay una historia que las estadísticas no pueden capturar. El PIB no registra el silencio que se pierde cuando construimos una autopista, ni la ansiedad colectiva de una generación que sabe que vivirá peor que sus padres, ni el valor de una tarde de domingo sin hacer nada productivo. No mide la erosión de la confianza social, ni el coste psíquico de vivir en ciudades diseñadas para coches en lugar de personas, ni la desesperanza aprendida de votar cada cuatro años por pequeñas variaciones del mismo modelo agotado.

La auténtica barbarie de nuestro tiempo no es la ausencia de cifras, sino su abundancia tiránica. Hemos creado una civilización que confunde el mapa con el territorio, que sacrifica el bienestar real en el altar del crecimiento nominal. Es el culto cargo de la modernidad: reproducimos obsesivamente los rituales del progreso —más producción, más consumo, más PIB— esperando que la prosperidad aterrice, sin darnos cuenta de que el avión hace tiempo que cambió de ruta.

«Solo cuando hayamos envenenado el último río, talado el último árbol y pescado el último pez, nos daremos cuenta de que el dinero no se come», dice un proverbio que se atribuye a los nativos norteamericanos. No necesitamos esperar tanto. Los datos ya están aquí, gritándonos desde cada gráfica de crecimiento: estamos midiendo nuestra velocidad mientras caemos al vacío, confundiendo la aceleración con el vuelo.

Civilización en llamas

Marx dijo que las revoluciones son la locomotora de la historia universal. Pero tal vez las cosas sean distintas. Tal vez las revoluciones sean el acto por el cual la humanidad que viaja en ese tren tira del freno de emergencia.

Walter Benjamin,
Tesis sobre la filosofía de la historia (1940)

Enero de 2019. Davos, Suiza. Mil quinientos jets privados aterrizan en los Alpes como langostas de lujo, depositando su carga de multimillonarios y CEO en la nieve inmaculada del resort más exclusivo del planeta. Han venido a salvar el mundo. Otra vez. En los pasillos del Centro de Congresos, entre canapés de caviar y charlas sobre sostenibilidad, circula la élite global con la solemnidad de quien administra un sacramento.

Es entonces cuando el joven historiador holandés, Rutger Bregman, decide saltarse el guion. «Es mi primera vez en Davos y tengo que decir que está siendo una experiencia desconcertante —comienza, con esa calma holandesa que precede a las tormentas—. Han llegado mil quinientos jets privados para ver a David Attenborough hablar de cómo estamos destruyendo el planeta». La sala se tensa. Algunos sonríen nerviosamente esperando el chiste. Pero Bregman continúa: «Escucho a la gente hablar de participación y justicia, igualación y transparencia, pero nadie habla del verdadero problema, que es la evasión de impuestos, que los ricos no pagan su contribución. Me siento como un bombero en un congreso de bomberos en el que no está permitido decir la palabra agua».

El silencio que siguió fue ensordecedor. No porque Bregman hubiera revelado algo nuevo —la hipocresía de Davos es tan conocida como el esquí en sus pistas—, sino porque alguien había tenido la temeridad de señalar al emperador desnudo mientras este posaba para la foto oficial.

Donde el calor se volvió costumbre

2024 pasó a la historia como el año en que cruzamos definitivamente la línea roja —o el Rubicón climático—. Por primera vez desde que llevamos registros, la temperatura media global se situó 1,56 °C por encima del periodo preindustrial. No es una cifra más: es el certificado de defunción del Acuerdo de París, ese documento que los líderes mundiales firmaron con pompa y circunstancia prometiendo mantener el calentamiento por debajo de 1,5 °C.

Pero esta cifra es solo la punta del iceberg —un iceberg que, por cierto, se derrite a velocidad récord—. Lo que estos números no capturan es la cascada de consecuencias que ya estamos viviendo. Entre 1980 y 2019, los desastres climáticos se dispararon un 83 por ciento, afectando de alguna manera a más de cuatro mil millones de personas. Cuatro mil millones. Es como si la mitad de la humanidad hubiera sido golpeada por la naturaleza enfurecida, y aun así seguimos discutiendo si el cambio climático es real.

En 2023, mientras los expertos debatían en conferencias con aire acondicionado, veintiséis millones de personas fueron obligadas a huir de sus hogares por inundaciones, incendios y sequías. Son refugiados climáticos, aunque prefiramos no llamarlos así porque eso implicaría responsabilidades que nadie quiere asumir. Son los nuevos náufragos de un planeta que se hunde, y no hay suficientes botes salvavidas porque los hemos convertido en yates.

El verano de 2025 llegó a Europa como una bofetada de realidad. Una ola de calor sin precedentes barrió el continente, desde Lisboa hasta Varsovia, convirtiendo las calles en sartenes y los hospitales en morgues improvisadas. Dos mil trescientos muertos en apenas diez días, el doble de lo que habría ocurrido sin cambio climático. Cada uno de esos muertos tiene nombre, historia, familia. Pero en las estadísticas son solo números, daños colaterales del «progreso», víctimas necesarias del altar del crecimiento económico.

Y lo más obsceno no es la muerte en sí, sino la normalización de la catástrofe. Los telediarios dedican cinco minutos a la ola de calor entre el fútbol y la publicidad. Los políticos prometen «medidas» mientras aprueban nuevas licencias de extracción de combustibles fósiles. La vida sigue como si nada, como si todo, como si el apocalipsis fuera solo otro programa de Netflix. Lo podríamos titular *El colapso*.

El colapso

Hay algo profundamente humano en mirar las ruinas. Quizá por eso nos fascina tanto contemplar los restos del Coliseo romano, las pirámides mayas cubiertas de vegetación o los moáis de la isla de Pascua mirando eternamente hacia un horizonte que ya nadie comprende. En esas piedras mudas leemos nuestro propio epitafio, porque sabemos —aunque prefiramos olvidarlo— que todas las civilizaciones que nos precedieron, sin excepción, acabaron convertidas en material para documentales de sobremesa y tesis doctorales que poca gente lee.

El Imperio romano dominó el mundo conocido durante siglos hasta que un día dejó de hacerlo. Los mayas construyeron ciudades monumentales y desarrollaron matemáticas complejas antes de desvanecerse en la jungla. El antiguo Egipto, los olmecas, el Imperio acadio… La lista es tan larga como melancólica. Algunas sociedades lograron renacer transformadas en otra cosa; la mayoría simplemente desaparecieron dejando apenas un eco de piedra y polvo. Y aquí estamos nosotros, la civilización más poderosa y tecnológicamente avanzada de la historia, comportándonos como si fuéramos la excepción a la regla, como si la entropía hubiera firmado un pacto de no agresión con el capitalismo tardío.

Pero no es así. La sensación de final de época es tan palpable que podemos casi tocarla con los dedos. Después de siglos cabalgando sobre la promesa del progreso lineal —esa ficción reconfortante que nos aseguraba que cada generación viviría mejor que la anterior—, hemos llegado a un punto donde, como explicamos en los anteriores capítulos, el futuro ha dejado de ser una promesa para convertirse en una amenaza. Es como si viajáramos en un tren desbocado, viendo pasar las señales de peligro una tras otra, mientras en el vagón restaurante brindan por el crecimiento.

El inventario del desastre es tan abrumador que ya ni siquiera nos impresiona: guerras que brotan como setas después de la lluvia, crisis económicas que se suceden con la regularidad de las estaciones, temperaturas globales que suben como las acciones de las empresas de aire acondicionado, océanos que se acidifican mientras fingimos sorpresa cada vez que aparece un pez muerto en la playa. Los casquetes polares se derriten con la misma velocidad con la que crecen las cuentas bancarias de los ultrarricos. Las especies se extinguen mientras discutimos si los pandas son lo suficientemente monos como para merecer salvarse. Los refugiados climáticos aumentan exponencialmente mientras construimos muros cada vez más altos, como si el problema fuera la altura y no la estupidez. La explosión demográfica choca con la finitud de los recursos mientras las hambrunas conviven obscenamente con el desperdicio alimentario del primer mundo.

Es el cóctel perfecto para el colapso, servido en copa de plástico (de un solo uso, por supuesto).

Y, sin embargo, aquí seguimos, apretando el acelerador con la determinación de un suicida con carnet de conducir. Como si la velocidad pudiera salvarnos de la física. Como si el problema no fuera precisamente la velocidad.

Walter Benjamin, ese filósofo melancólico que supo ver el horror antes de que el horror se convirtiera en nuestra rutina matinal, tenía una intuición brillante sobre esto. Escribió: «Dice Marx que las revoluciones son la locomotora de la historia universal. Pero tal vez se trate de algo completamente distinto. Tal vez sean las revoluciones el gesto por el que el género humano que viaja en ese tren echa mano del freno de emergencia».

La imagen es poderosa: no se trata de acelerar hacia el futuro glorioso del progreso, sino de frenar esta máquina desbocada antes de que nos estrellemos todos. Pero Benjamin escribió esto en 1940, poco antes de suicidarse huyendo de los nazis en la frontera española. Ochenta y seis años después, el tren no solo no ha frenado, sino que hemos añadido vagones, aumentado la potencia de la locomotora y desmantelado los frenos por considerarlos una traba comunistoide al crecimiento económico capitalista.

La pregunta ya no es si vamos a chocar —eso está cantado—, sino qué surgirá de entre los escombros. Porque algo surgirá, siempre surge algo. La cuestión es si seremos capaces de imaginar y construir una forma de vida que no sea simplemente una repetición aumentada de nuestros errores actuales. Si podremos, por una vez en la historia, aprender de las ruinas ajenas antes de convertirnos nosotros mismos en esas ruinas.

La parábola del papel doblado

Hay un viejo truco matemático que los profesores usan para torturar a sus estudiantes: toma una hoja de papel y dóblala por la mitad. Ahora otra vez. Y otra. La pregunta trampa es: ¿cuántas veces necesitas doblarla para que su grosor alcance la Luna? La mayoría dirá cientos, miles. La respuesta correcta es cuarenta y dos. Cuarenta y dos miserables dobleces y tu humilde A4 se convierte en una torre de cuatrocientos mil kilómetros.

Ese es nuestro problema. No el papel, claro. El problema es que llevamos tres siglos doblando la economía mundial como si fuera origami, y nadie parece darse cuenta de que estamos a punto de tocar la Luna con consecuencias que nadie quiere imaginar.

Mira China. Durante décadas, su economía ha crecido al 7 por ciento anual. Suena modesto, ¿verdad? Como una propina tirando a baja en un restaurante estadounidense. Pero las matemáticas del crecimiento exponencial son despiadadas: ese 7 por ciento significa duplicar la economía cada década. En cincuenta años, no tendrías una China más próspera. Tendrías el equivalente a treinta y dos Chinas apiladas una sobre otra, devorando recursos como si el planeta fuera un buffet libre infinito.

Spoiler: no lo es.

Los barriles fantasma

Toda civilización compleja es, en el fondo, una máquina para convertir energía en orden. Roma convirtió esclavos y trigo en acueductos y legiones. El Imperio británico convirtió carbón y colonias en ferrocarriles y fábricas. Nosotros convertimos petróleo en… todo. Absolutamente todo.

Pero el motor empieza a toser. No es que vaya a detenerse mañana con un dramático estallido. Es peor: irá perdiendo potencia de forma gradual, como un anciano que sube escaleras. Primero, desaparecerán los lujos que consideramos necesidades. Luego, las necesidades que consideramos derechos. Finalmente, los derechos que consideramos naturales.

En los años setenta, la industria petrolera vivía en el paraíso: por cada barril que consumían, encontraban seis nuevos. Era como jugar al póker conociendo las cartas. Hoy, con toda nuestra tecnología satelital, nuestros algoritmos y nuestra arrogancia tecnocrática, quemamos siete barriles por cada uno que descubrimos.

No hace falta ser matemático para entender que este juego tiene fecha de caducidad. Es la diferencia entre vivir de tu salario y vivir de tu tarjeta de crédito: funciona genial hasta que llega el extracto bancario.

Sin embargo, seguimos actuando como si los pozos fueran infinitos, como si la geología fuera una cuestión de opinión, como si las leyes de la termodinámica fueran sugerencias negociables. «La tecnología nos salvará», repetimos mientras la tecnología nos susurra que no puede violar las leyes de la física.

Imagina una pradera con cien conejos y zanahorias suficientes para alimentarlos. Ahora imagina que los conejos descubren el capitalismo tardío: empiezan a reproducirse exponencialmente, a consumir tres zanahorias donde antes comían una, a especular con futuros de zanahoria, a crear derivados financieros sobre cultivos que no existen.

¿El final? No hace falta ser ecólogo para adivinarlo. Pero nosotros somos esos conejos, y la pradera es la Tierra, y las zanahorias son todo: petróleo, agua dulce, tierra cultivable, atmósfera respirable, estabilidad climática, biodiversidad. La diferencia es que los conejos no tienen doctorados en Economía para explicarles por qué el colapso es imposible mientras está sucediendo.

Y aquí viene la ironía suprema, el giro argumental que haría reír a los dioses si no estuvieran ocupados abandonándonos: cuando llegue el colapso —no si llega, sino cuando llegue— los más jodidos serán precisamente los más «desarrollados».

El Reino Unido importa el 50 por ciento de sus alimentos. Japón, el 60 por ciento. Singapur, el 90 por ciento. Son milagros logísticos sostenidos por petróleo barato y cadenas de suministro que cruzan océanos. Cuando el petróleo deje de ser barato (ya está dejando de serlo), cuando las cadenas se rompan (ya se están rompiendo), estos paraísos del primer mundo descubrirán que la autosuficiencia no se compra en Amazon.

Mientras tanto, ese campesino boliviano que nunca ha visto un iPhone, esa comunidad indígena del Amazonas que no cotiza en bolsa, ese pueblo olvidado del África subsahariana que no aparece en Google Maps… Ellos seguirán sabiendo cómo se cultiva un tubérculo, cómo se recoge agua de lluvia, cómo se vive sin necesitar un cargamento de contenedores cada semana para sobrevivir.

Informe del Club de Roma

Hay libros que envejecen mal. Otros que envejecen tan bien que dan miedo. *Los límites del crecimiento* pertenece a la segunda categoría: cada año que pasa, sus predicciones parecen menos una advertencia y más una crónica anticipada de nuestro presente.

Imaginemos la escena: estamos en 1972, el mundo celebra el progreso tecnológico, la carrera espacial promete colonizar las estrellas y un grupo de diecisiete investigadores del MIT (Instituto de Tecnología de Massachusetts, por sus siglas en inglés) decide arruinar la fiesta. Armados con uno de los primeros modelos informáticos capaces de simular sistemas complejos —el World3, que hoy cabría en el reloj inteligente de cualquier *runner* de domingo—, se propusieron responder una pregunta incómoda: ¿puede nuestra civilización crecer de manera infinita en un planeta finito?

La respuesta fue un rotundo no. Pero lo verdaderamente perturbador no fue la conclusión, sino la precisión quirúrgica con la que aquel rudimentario programa informático dibujó nuestro futuro.

El matrimonio que vio venir el desastre

Donella y Dennis Meadows no eran profetas apocalípticos ni activistas radicales. Eran científicos, y su encargo venía del Club de Roma, una organización tan poco revolucionaria que entre sus miembros había industriales y banqueros preocupados por el futuro a largo plazo. El contexto importa: Marion King Hubbert acababa de predecir correctamente el pico del petróleo estadounidense, y Paul Ehrlich advertía sobre los peligros de la superpoblación. El ambiente intelectual estaba maduro para hacer la pregunta que nadie quería formular en voz alta.

Los Meadows y su equipo tomaron cinco variables fundamentales —población, producción de alimentos, industrialización, contaminación y consumo de recursos no renovables— y las introdujeron en su simulación. Todas crecían exponencialmente, mientras que nuestra capacidad tecnológica para gestionar ese crecimiento avanzaba con la parsimonia de una tortuga compitiendo contra un cohete.

El resultado del escenario estándar, es decir, seguir haciendo lo mismo como si nada pasase, fue demoledor: colapso generalizado durante el siglo XXI. Entre 2015 y 2025, decía el modelo, comenzarían los problemas graves de producción y suministro. A partir de 2030, la población mundial empezaría a caer en picado hasta reducirse a la mitad.

Piénsalo un momento: estamos hablando de una predicción hecha cuando los ordenadores ocupaban habitaciones enteras y las tarjetas perforadas eran tecnología punta. Y, sin embargo, aquí estamos, en plena década de los veinte del siglo XXI, viendo cómo las cadenas de suministro globales crujen, la inflación se dispara y los fenómenos climáticos extremos se vuelven rutina.

Los investigadores del MIT, quizá esperanzados o simplemente rigurosos, no se conformaron con el apocalipsis. Probaron todos los escenarios optimistas imaginables: ¿y si desarrollamos energías limpias revolucionarias? ¿Y si la tecnología nos salva con su eficiencia milagrosa? ¿Qué tal si descubrimos nuevos recursos? ¿Y si todos nos ponemos de acuerdo para luchar contra el cambio climático?

La respuesta del World3 fue cruel en su consistencia: colapso, colapso y más colapso. En algunos casos, las soluciones parciales incluso empeoraban el resultado final. Solo una simulación evitaba el desastre: aquella en la que se aplicaban todas las medidas correctivas simultáneamente, y —atención al detalle— comenzando en los años ochenta como fecha límite.

Han pasado más de cuarenta años desde ese plazo. No hace falta ser un genio para darse cuenta de que no cumplimos con la cita.

La autopsia de un futuro anunciado

Hay algo profundamente perturbador en releer las actualizaciones sucesivas del informe Meadows. Es como ver un accidente a cámara lenta donde el conductor, en lugar de frenar, pisa el acelerador mientras mira fijamente el retrovisor. Cada revisión, cada comprobación, cada nuevo estudio ha confirmado lo mismo: el World3 no se equivocaba. Nosotros sí.

La primera actualización llegó en los noventa, cuando internet prometía revolucionar el mundo y el fin de la historia se celebraba con champán neoliberal. Los datos eran claros: seguíamos la trayectoria prevista con la fidelidad de un tren sobre sus raíles. Pero había margen, decían los optimistas. Siempre hay margen cuando no quieres ver el muro.

Para 2004, la segunda revisión ya no dejaba espacio para la ambigüedad. No solo no habíamos aplicado ninguna de las medidas correctivas propuestas en los setenta: habíamos hecho exactamente lo contrario con el entusiasmo de un suicida eufórico. La producción industrial se duplicaba cada veinticuatro años como un cáncer meticuloso. La extracción de recursos batía récords con la regularidad de un metrónomo. La crisis climática avanzaba sin más oposición que conferencias internacionales donde los políticos prometían lo que sabían que no cumplirían.

En 2004, Donella Meadows aún mantenía un hilo de

esperanza. Propuso tres condiciones para evitar el colapso: estabilizar la población en 7.500 millones (ya vamos por 8.000 millones), limitar la producción industrial y redistribuir equitativamente sus frutos (suena a chiste en la era de Bezos y Musk), y mejorar radicalmente la eficiencia tecnológica mientras reducimos la contaminación (solo ocurrió lo primero mientras se disparaba lo segundo).

Su marido Dennis, con el pesimismo que dan los años viendo cómo la humanidad ignora de forma sistemática las advertencias, fue más directo: «Es demasiado tarde para el desarrollo sostenible, hay que prepararse para los golpes y construir pequeños sistemas resilientes». Para echarse a temblar.

El científico que no quería tener razón

Graham Turner debe ser una de las personas más infelices del planeta. Entre 2008 y 2012, este investigador australiano realizó el trabajo que nadie quería hacer: contrastar cuarenta años de datos reales con las proyecciones del MIT. No era un ejercicio académico; era una autopsia civilizatoria.

Turner tomó cada variable, cada métrica, cada predicción y la confrontó con la realidad. PIB, población, recursos, contaminación, producción de alimentos… Todo. El resultado fue tan preciso que daba escalofríos: estábamos siguiendo el escenario estándar —el peor de todos— como si fuera un guion del que no nos atreviéramos a desviarnos.

Pero el golpe de gracia llegó en 2020, cuando Gaya Herrington decidió hacer la comprobación definitiva. Y aquí viene lo revelador: Herrington no trabajaba para Greenpeace ni para ninguna organización ecologista radical. Trabajaba para KPMG, uno de los cuatro gigantes de la auditoría mundial, esas empresas que asesoran a las corporaciones multimillonarias sobre cómo maximizar beneficios. Cuando KPMG te dice que el colapso viene, no es ideología. Son matemáticas.

Su conclusión fue lapidaria: medio siglo después, seguimos la senda trazada por el World3 con una precisión que desafía el azar. No es que estemos acercándonos al precipicio, es que estamos acelerando hacia él mientras discutimos si el precipicio existe.

Aquí radica la ironía suprema de nuestra época: tenemos más datos, más modelos, más capacidad de procesamiento que nunca en la historia. Podríamos simular millones de escenarios con una precisión que haría parecer al World3 un ábaco. Y, sin embargo, seguimos actuando como si las matemáticas fueran una opinión y la física una sugerencia.

El informe del Club de Roma no fracasó por impreciso. Fracasó porque asumió que los seres humanos, enfrentados a la evidencia de su propia destrucción, actuarían racionalmente. Ese fue su único error de cálculo: sobrestimar nuestra inteligencia colectiva.

Mientras tanto, el reloj sigue corriendo, y cada año que pasa, las predicciones de aquel primitivo programa informático de los setenta se parecen menos a una advertencia y más a un itinerario. La pregunta ya no es si los límites del crecimiento existen —eso está demostrado—, sino qué haremos cuando los alcancemos. O, mejor dicho, qué haremos cuando admitamos que ya los hemos alcanzado.

Porque esa es la verdad incómoda que nadie quiere pronunciar: el futuro que los Meadows predijeron no está por venir. Ya está aquí. Lo llamamos presente, y cada día que pasa se parece más a ese colapso a cámara lenta que un ordenador del tamaño de una habitación vio venir hace medio siglo. Pero ¿es culpa nuestra? Algunos preferimos hablar del Capitaloceno.

Capitaloceno: la disputa por nombrar el desastre

Nombrar es un acto de poder. Los conquistadores lo sabían cuando rebautizaban territorios indígenas con nombres de santos católicos. Los revolucionarios lo saben cuando tumban estatuas y renombran calles. Y los geólogos lo descubrieron cuando tuvieron que ponerle nombre a nuestra era de catástrofe planetaria.

El término «Antropoceno» se extendió como pólvora académica. La propuesta era tan audaz como aterradora: habíamos abandonado el Holoceno, esa era de estabilidad climática que duró 11.700 años y vio nacer toda la civilización humana. Según los geólogos que acuñaron el término, la humanidad se había convertido en una fuerza geológica comparable a los volcanes o los asteroides. Nuestras ciudades, fábricas y vertederos dejarán huellas en los estratos rocosos que los paleontólogos del futuro —si los hay— estudiarán como hoy estudiamos los fósiles del Jurásico.

Antropoceno: del griego *anthropos* (humano) y *kainos* (nuevo). La Era del Ser Humano. Por primera vez, una sola especie había alterado los ciclos biogeoquímicos del planeta, cambiado la composición de la atmósfera, acidificado los océanos y provocado la sexta extinción masiva. El plástico sería nuestro ámbar; la radioactividad, nuestra firma química; las megaciudades, nuestros nuevos estratos geológicos.

Era perfecto para conferencias, tenía esa sonoridad grecolatina que tranquiliza a los comités científicos y, sobre todo, no señalaba a nadie en particular. La humanidad —ese sujeto abstracto y conveniente— había alterado el planeta. Todos culpables, todos absueltos. Como esos comunicados corporativos que lamentan que «errores fueron cometidos» sin especificar quién los cometió.

Jason W. Moore observaba esta operación lingüística

con la suspicacia de quien ha visto demasiados trucos de prestidigitación conceptual. El problema no era el diagnóstico —el planeta estaba objetivamente jodido—, sino la etimología. Llamar Antropoceno a este periodo era como llamar «Pasajeroceno» al hundimiento del Titanic. Técnicamente correcto, políticamente inútil.

Moore contraatacó con un término más incómodo: Capitaloceno. No era un capricho terminológico ni una gracieta académica. Era una intervención política disfrazada de debate geológico. Porque si el problema es la humanidad, las soluciones oscilan entre el suicidio colectivo y la geoingeniería delirante. Pero si el problema es el capitalismo, entonces estamos ante algo mucho más manejable: un sistema económico con apenas trescientos años de antigüedad, más joven que muchos de los árboles que sigue talando.

La diferencia entre Antropoceno y Capitaloceno es la diferencia entre tragedia y política. La tragedia nos invita a la catarsis y la resignación; la política, a la organización y la lucha. Es la diferencia entre llorar por el planeta mientras separamos residuos y organizar un sabotaje contra un oleoducto. Entre comprar bombillas leds y nacionalizar las empresas energéticas.

El Antropoceno funciona como una absolución preventiva para las élites. «Todos somos responsables» es el mantra perfecto para que nadie rinda cuentas. Es la misma lógica que transforma «Chevron devastó el delta del Níger» en «Todos dependemos del petróleo», o «Nestlé privatiza acuíferos» en «Todos desperdiciamos agua». La voz pasiva es el refugio gramatical de los poderosos.

El problema con el Antropoceno es que convierte a toda la humanidad en culpable por igual: el minero congoleño que extrae coltán a mano comparte la misma responsabilidad planetaria que el ejecutivo que vuela en jet privado a Davos para hablar de sostenibilidad. Pero cuando desagregamos los datos, emerge otra historia. El 1 por ciento más rico de la población mundial emite más CO_2 que la mitad más pobre del planeta. Un solo vuelo en jet privado de Londres a Nueva York genera más emisiones que las que produce una familia keniana en toda su vida.

El Capitaloceno hace algo más que distribuir culpas con precisión. Historiza el desastre. Nos recuerda que hubo un antes —sociedades que vivieron milenios sin colapsar sus ecosistemas— y sugiere que puede haber un después. El capitalismo no es el destino natural de la especie, como pretenden sus apologistas, sino un paréntesis histórico particularmente destructivo. Un experimento fallido que confundió la combustión con el progreso.

Y aquí está el giro cruel: quienes más insisten en el término Antropoceno suelen ser quienes más se benefician del Capitaloceno. Las corporaciones adoran la narrativa del Antropoceno porque diluye su responsabilidad en un caldo genérico de culpa humana. Los multimillonarios financian documentales sobre el Antropoceno mientras sus aviones perforan la atmósfera. Los gobiernos organizan cumbres sobre el Antropoceno mientras subvencionan combustibles fósiles.

El Capitaloceno, en cambio, es un término incómodo para los poderosos porque hace preguntas peligrosas: ¿por qué necesitamos crecer infinitamente? ¿Para quién es el progreso que estamos combustionando? ¿Qué pasaría si dejáramos los combustibles fósiles bajo tierra no por imposibilidad técnica, sino por decisión política?

Moore no propone el término como ejercicio académico, sino como herramienta de lucha. Nombrar correctamente el problema es el primer paso para resolverlo. Si el problema es la humanidad, la solución es la misantropía o la tecnología. Si el problema es el capitalismo, la solución es la revolución.

LOS AMOS DEL MUNDO (Y DE SUS RUINAS)

> Si un mono acumulase más bananas de las que pudiese comer mientras la mayoría de los otros monos mueren de hambre, los científicos estudiarían al acumulador para descubrir qué demonios estaba sucediendo con él. Pero cuando los humanos hacen lo mismo, nosotros los colocamos en la portada de la revista *Forbes*.
>
> Cita atribuida a EMIR SADER

Hubo un tiempo en que los ricos necesitaban a los pobres. No por caridad cristiana ni por escrúpulos morales, sino por pura supervivencia económica: alguien tenía que trabajar en sus fábricas, comprar sus productos, defender sus fronteras. Esta interdependencia forzosa creó, mal que bien, cierto contrato social. Los Rockefeller y los Carnegie construían bibliotecas; a través del estado del bienestar, los países europeos redistribuían la riqueza mediante impuestos progresivos, y hasta el más despiadado de los magnates entendía que su fortuna dependía, en última instancia, de la salud del tejido social que la sustentaba.

Ese tiempo ha muerto.

Los ultrarricos del siglo XXI han logrado algo que sus predecesores solo podían soñar: emanciparse por completo de las sociedades que los vieron nacer. Sus fortunas flotan en paraísos fiscales, sus empresas operan en la nube, sus hijos estudian en burbujas internacionales y sus jets privados los transportan entre refugios dorados idénticos en Dubái, Singapur o Miami. Han construido una civilización paralela, sin banderas ni himnos, donde la única ciudadanía que importa es la del capital acumulado.

Pensemos en la paradoja: nunca en la historia humana se había concentrado tanta riqueza en tan pocas manos. Las ocho personas más ricas del planeta poseen lo mismo que la mitad más pobre de la humanidad. Jeff Bezos podría acabar con el hambre mundial y seguiría siendo obscenamente rico. Elon Musk gana en diez minutos lo que un trabajador medio tardaría varias vidas en acumular. Pero lo verdaderamente revelador no es la magnitud de estas fortunas, sino su naturaleza apátrida. El dinero de los ultrarricos no tiene patria porque no la necesita. Se mueve a la velocidad de la luz entre jurisdicciones, buscando siempre el lugar donde menos preguntas hagan y menos impuestos cobren.

Esta nueva aristocracia global ha perfeccionado el arte de privatizar las ganancias y socializar las pérdidas. Cuando sus bancos quiebran, exigen rescates públicos. Cuando sus empresas necesitan infraestructuras, reclaman inversión estatal. Cuando requieren trabajadores cualificados, demandan educación pública de calidad. Pero cuando llega la hora de contribuir, cuando el Estado presenta la factura por todos esos servicios que hicieron posible su éxito, entonces descubren súbitamente las ventajas de la residencia fiscal en Mónaco, las *holding companies* en Luxemburgo o los *trusts* en Islas Caimán.

Mientras tanto, los Estados nación que alguna vez los cobijaron se desangran lentamente. Cada millonario que traslada su residencia fiscal, cada corporación que desvía beneficios a Irlanda, cada fondo de inversión que especula con la deuda pública es un ladrillo menos en el edificio común. Los hospitales se deterioran, las escuelas se masifican, las pensiones se recortan. Y nos dicen que no hay dinero, que vivimos por encima de nuestras posibilidades, que hay que apretarse el cinturón. Pero el dinero existe: simplemente ha emigrado a jurisdicciones donde no puede ser tocado.

La desigualdad ya no es solo una brecha: es un divorcio. Los ricos no quieren redistribuir porque, sencillamente, ya no se sienten parte del mismo proyecto colectivo que el resto. Han construido sus propios sistemas sanitarios, sus propias redes educativas, su propia seguridad privada. Viven en urbanizaciones cerradas, trabajan en distritos financieros fortificados, se desplazan en helicóptero para evitar el tráfico de los mortales. Han creado una geografía paralela donde nunca tienen que cruzarse con las consecuencias de su avaricia.

Y aquí surge la gran ironía: estos paladines del libre mercado, estos supuestos creadores de riqueza, estos Prometeos del emprendimiento, son en realidad los mayores parásitos del sistema. Su riqueza no brota de la nada: se construye sobre décadas de inversión pública en investigación, sobre infraestructuras pagadas con dinero de todos, sobre la estabilidad social que garantizan instituciones que ellos mismos sabotean con su evasión. Steve Jobs no inventó el iPhone en un garaje: ensambló (con gran inteligencia) tecnologías desarrolladas durante décadas con fondos estatales. Los magnates farmacéuticos no descubren medicamentos: compran patentes de investigaciones universitarias financiadas por el Estado. Los gigantes tecnológicos no crearon internet: colonizaron un espacio construido con dinero público.

Esta secesión silenciosa —más devastadora que cualquier guerra civil— nos deja con una pregunta brutal: ¿puede sobrevivir la civilización cuando sus élites han decidido abandonar el barco? ¿O estamos asistiendo al nacimiento de un nuevo feudalismo digital, donde hay islas de hiperlujo flotando sobre océanos de precariedad?

El fenómeno va más allá de la mera evasión fiscal. Es una ruptura del pacto fundamental que sostiene cualquier sociedad: la idea de que formamos parte de algo común, de que nuestros destinos están entrelazados, de que el éxito individual tiene una deuda con el esfuerzo colectivo. Cuando los más privilegiados se desentienden de esta responsabilidad, cuando convierten su éxito en un salvoconducto para escapar de cualquier obligación social, lo que se rompe no es solo la progresividad fiscal: es la posibilidad misma de la vida en común.

Sala de pánico

> Jeff Bezos y Elon Musk no compiten por salvar a la humanidad, sino por desembarazarse de ella.
>
> MARTA PEIRANO,
> *Contra el futuro* (2022)

Douglas Rushkoff es de esas personas que ha pasado su vida entera pensando en el futuro. Profesor, investigador, uno de los primeros en acuñar el término «viral» para hablar de cómo se propagan las ideas en internet mucho antes de que existiera TikTok o Instagram. Un tipo que lleva décadas dando conferencias por universidades y convenciones tecnológicas, explicando cómo la tecnología está reconfigurando nuestra manera de entender el mundo, la política, las relaciones humanas. En 2018, cuando recibió una misteriosa invitación, pensó que sería una charla más. El pago era obscenamente generoso, sí, pero en el circuito de los gurús tecnológicos eso no era tan extraño. Silicon Valley paga bien a quienes les ayudan a pensar.

Lo que Rushkoff no sabía era que estaba a punto de vivir una experiencia tan perturbadora que terminaría escribiendo primero un artículo y después un libro entero tratando de procesar lo que había presenciado. No era una conferencia sobre el futuro de la tecnología. Era una ventana al búnker mental de quienes controlan el presente.

El resort era de esos lugares que no aparecen en las guías turísticas porque están diseñados para personas que no necesitan guías: ya tienen asistentes que se encargan de todo. Rushkoff esperaba el ritual habitual: alguien lo conduciría a un camerino, le colocarían el micrófono, le indicarían por dónde subir al escenario, las luces se encenderían y él haría lo que mejor sabe hacer, que es explicar el mundo que viene. Pero, cuando llegó, no había escenario. No había micrófono. No había público.

Solo una sala privada con una mesa redonda y cinco sillas ocupadas por cinco hombres que manejaban la clase de dinero que no se cuenta en millones, sino en porcentajes del PIB global. Fondos de inversión, *hedge funds*, capital de riesgo. La clase de personas que pueden hundir la economía de un país mediano con una mala mañana en la bolsa.

«Después de intercambiar unas breves palabras, no tardé en advertir que tenían nulo interés en los contenidos que me había preparado sobre el futuro de la tecnología. Venían con su propia batería de preguntas preparada», escribió Rushkoff.

Preguntas extrañas para tiempos extraños

> Las personas con poder imaginan un futuro del que puedan huir; las personas sin poder imaginan un futuro en el que todavía puedan vivir.
>
> WENDELL BERRY

Los primeros minutos transcurrieron dentro de lo previsible. Le preguntaron lo de siempre, esas cuestiones que flotan en el ambiente de cualquier encuentro tecnológico de alto nivel: ¿Ethereum o Bitcoin? ¿Qué criptomoneda sobrevivirá a largo plazo? ¿La computación cuántica es real o es otro cuento vendido por IBM? Rushkoff respondía con la soltura del que ha dado estas respuestas mil veces, mezclando datos duros con esa capacidad para hacer accesible lo complejo, que lo ha convertido en una estrella del circuito de conferencias.

Pero entonces, cuando los cinco hombres sintieron que podían confiar en él —o quizá cuando entendieron que ya lo habían comprado con ese cheque desorbitado—, las preguntas tomaron un giro inesperado. Ya no querían saber sobre *blockchain* o inteligencia artificial. Querían saber sobre supervivencia.

«¿Qué región se vería menos afectada por la crisis provocada por el cambio climático, Nueva Zelanda o Alaska? ¿Es posible construir un hogar para albergar la mente después de morir? ¿Lograría esa conciencia sobrevivir a la transición o, por el contrario, perecería y renacería una completamente nueva dentro de la máquina?».

No era curiosidad intelectual. Era planificación estratégica. Estos hombres no estaban filosofando sobre el transhumanismo en un debate académico: estaban evaluando opciones de inversión en su propia inmortalidad. La pregunta sobre Nueva Zelanda versus Alaska no era retórica: probablemente ya tenían propiedades en ambos lugares y querían saber dónde concentrar recursos. La cuestión sobre transferir la conciencia a una máquina no era ciencia ficción: estaban calculando si valía la pena financiar esa línea de investigación o si era mejor apostar por otras formas de supervivencia.

Rushkoff comenzó a entender que no estaba en una reunión sobre el futuro de la tecnología. Estaba en una sesión de planificación del apocalipsis. Y entonces llegó el momento que lo cambió todo.

Uno de ellos, el CEO de una importante agencia de bolsa —el tipo de persona que mueve miles de millones con una llamada telefónica, que puede provocar una crisis en mercados emergentes con un rumor bien colocado—, se inclinó hacia delante y soltó la bomba: acababa de terminar de construir su búnker. Un refugio de supervivencia de última generación, con sistemas de purificación de aire, almacenes de comida para años, generadores independientes, todo lo necesario para sobrevivir al fin del mundo en relativo confort. Y tenía un problema: «¿Cómo conseguiré imponer mi autoridad sobre mi guardia de seguridad después del acontecimiento?».

«El acontecimiento»

Hay algo profundamente revelador en el lenguaje. «El acontecimiento». No decían apocalipsis, colapso, catástrofe, fin del mundo. Usaban esa palabra aséptica, corporativa, casi burocrática. «El acontecimiento», como si fuera un ítem más en su agenda de Google Calendar entre la reunión de accionistas y el torneo de golf.

Pero todos en esa mesa sabían exactamente de qué hablaban. El momento en que todo se quiebra de forma irrevocable. Podía ser el cambio climático alcanzando el punto de no retorno, con temperaturas que harían inhabitables grandes zonas del planeta y provocarían migraciones masivas, guerras por recursos, hambrunas generalizadas. Podía ser una pandemia más letal que la COVID-19, algo que realmente diezmara la población mundial y colapsara los sistemas sanitarios de forma irreversible. Podía ser el estallido definitivo de la burbuja financiera global, esa construcción de deuda sobre deuda que todos saben que es insostenible pero que nadie quiere ser el primero en reconocer. Podía ser una revolución violenta, cuando la desigualdad llegue a un punto tan obsceno que las masas no tengan nada que perder. O podía ser una guerra nuclear, porque al fin y al cabo seguimos teniendo miles de ojivas apuntándose mutuamente como en los peores días de la Guerra Fría.

Lo verdaderamente aterrador no era que estos hombres contemplaran tales escenarios. Lo aterrador era que los daban por inevitables. No estaban ahí para preguntar cómo evitar «el acontecimiento». Estaban ahí para preguntar cómo sobrevivirlo.

La conversación se volvió práctica, operativa, casi empresarial. Empezaron a discutir los detalles logísticos de la supervivencia postapocalíptica con la misma frialdad con la que discutirían una adquisición hostil o una reestructuración de personal. El problema del CEO del búnker era real y todos lo compartían: en un mundo donde el dinero no valiera nada, donde los gobiernos hubieran colapsado, donde la ley fuera solo un recuerdo, ¿cómo mantienes el control sobre los hombres armados que supuestamente te protegen? ¿Con qué iban a pagarles cuando el dinero ya no valiera nada? ¿Qué impediría a su guardia armada elegir a su propio líder?

Era la paradoja definitiva del poder en estado puro. Todo su poder actual derivaba de un sistema —legal, financiero, social— que «el acontecimiento» destruiría. Sin ese sistema, ¿qué los diferenciaba de cualquier otro superviviente? ¿Por qué unos hombres entrenados y armados obedecerían a unos tipos blandos cuya única habilidad era mover números en pantallas?

Las soluciones que empezaron a barajar tenían la elegancia moral de un campo de exterminio. Hablaron de instalar cerraduras de combinación especiales en los almacenes de alimentos, códigos que solo ellos conocerían y que cambiarían regularmente. Así controlarían el acceso a la comida, la más básica de las necesidades, convirtiendo a sus guardias en dependientes absolutos de su benevolencia.

Alguien sugirió algo aún más siniestro: collares disciplinarios. Sí, collares, como los que se ponen a los animales, pero con explosivos o dispositivos de descarga eléctrica. Los guardias los llevarían a cambio de protección y sustento. Si se rebelaban, *boom*. Tecnología de control literal, física, imposible de hackear con ideología o promesas.

La conversación derivó hacia los robots. Si lograban

desarrollar la tecnología a tiempo, podrían tener guardias robóticos, trabajadores automatizados. No habría que preocuparse por la lealtad de una máquina. No habría que negociar con una inteligencia artificial. Solo programación, obediencia perfecta, la fantasía definitiva del amo que no necesita preocuparse por la humanidad del esclavo porque, literalmente, no la tiene.

Rushkoff estaba presenciando algo más perturbador que una reunión de paranoicos millonarios. Estaba viendo cómo las personas más poderosas del planeta habían abandonado cualquier pretensión de responsabilidad colectiva. No estaban usando su poder para evitar la catástrofe. Estaban usando su poder para ser los únicos en sobrevivirla.

¿Locos, cuerdos o todo lo contrario?

Aquí viene la parte verdaderamente inquietante. Sería reconfortante pensar que estos cinco tipos eran simplemente unos excéntricos, millonarios que han visto demasiadas películas de zombis y han perdido el contacto con la realidad. Pero la evidencia sugiere lo contrario.

Todos los estudios científicos más recientes son apocalípticos en su sobriedad. El Panel Intergubernamental sobre Cambio Climático (IPCC) no para de revisar sus predicciones hacia arriba: lo que pensábamos que pasaría en 2100 está pasando ahora. Hemos cruzado seis de los nueve límites planetarios que los científicos consideran críticos para mantener la Tierra en un estado habitable para la civilización humana. La biodiversidad está colapsando a un ritmo que los biólogos comparan con las grandes extinciones masivas. Los océanos se acidifican. Los polos se derriten. Las selvas arden.

El sistema financiero global es un castillo de naipes construido sobre una montaña de deuda que hace que la crisis de 2008 parezca un tropiezo menor. La deuda global supera el 237 por ciento del PIB mundial. Los bancos centrales han impreso tanto dinero que ya no saben qué hacer con él. Las bolsas suben mientras la economía real se estanca. Es cuestión de tiempo antes de que alguien estornude y todo se venga abajo.

La desigualdad ha alcanzado niveles que ni la burguesía del siglo XIX habría soñado. El 1 por ciento más rico de la población mundial posee más riqueza que el 92 por ciento más pobre. El prestigioso economista Joseph Stiglitz lo ilustró con una imagen que debería quitarnos el sueño: un autobús escolar con ochenta y cinco multimillonarios transporta tanta riqueza como la mitad más pobre de toda la humanidad. Tres mil quinientos millones de personas.

En esa mesa con Rushkoff había cinco pasajeros de ese autobús. Cinco tipos que podrían, individual y literalmente, cambiar el curso de la historia con sus recursos. Cien personas como ellos son responsables del 71 por ciento de todas las emisiones globales de CO_2. Las mismas personas controlan los principales medios de comunicación, financian los *think tanks* que diseñan las políticas públicas, compran a los políticos como si fueran cromos.

El problema no es que sean paranoicos. El problema es que tienen razón en estar preocupados. Han construido un sistema tan frágil, tan desigual, tan insostenible que hasta ellos saben que va a explotar. Y en lugar de usar su poder para desactivar la bomba, están construyendo búnkeres para sobrevivir a la explosión.

Independencia de los ricos: la secesión silenciosa

> Los impuestos son el precio que pagamos por la civilización. Me gusta pagar impuestos. Con ellos compro civilización.
>
> OLIVER WENDELL HOLMES JR.

Los académicos españoles Antonio Ariño y Juan Romero le pusieron un nombre preciso a este fenómeno: «la secesión de los ricos». No es una metáfora. Es un proceso de independencia real, aunque no declarado. Los ultrarricos están construyendo su propio país sin territorio, su propia nación sin banderas, su propio mundo sin los problemas del mundo común.

Es una secesión que no necesita referéndums ni declaraciones unilaterales. Se hace en silencio, transacción a transacción, decisión a decisión. Empezó con los paraísos fiscales: ¿por qué pagar impuestos en tu país cuando puedes declarar que tu empresa está en Islas Caimán? Continuó con la seguridad privada: ¿por qué depender de la policía pública cuando puedes tener tu propio ejército? Siguió con los barrios cerrados: ¿por qué vivir entre la plebe cuando puedes construir tu propia ciudad amurallada con campos de golf y helipuertos?

Ahora tienen sus propios sistemas de salud (clínicas privadas donde un chequeo cuesta lo que una familia media gana en un año), sus propios sistemas educativos (escuelas en las que la matrícula anual supera el precio de una casa), su propio transporte (jets privados, yates del tamaño de edificios), su propia justicia (arbitrajes privados donde nunca pierden), su propia cultura (arte que solo ellos pueden comprar, eventos a los que solo ellos pueden asistir).

Han construido un mundo paralelo, una realidad prémium donde las reglas del mundo común no aplican. No es que sean inmunes a la ley: es que la ley se ha diseñado para no tocarlos. No es que no paguen impuestos: es que han comprado a los legisladores para que los códigos fiscales estén llenos de agujeros por los que escapar. No es que no les afecte la contaminación: es que pueden comprar aire limpio, agua pura, comida orgánica, mientras el resto respiramos el humo de sus fábricas.

Son una «clase global que sobrevuela los países sin estar comprometida con ninguno de ellos». No son estadounidenses, chinos ni europeos. Son ricos. Su patria es su patrimonio. Su bandera es su cuenta bancaria. Su Constitución es el derecho de propiedad llevado al extremo.

Elysium hoy: la ciencia ficción que ya es realidad

En 2013, Neill Blomkamp dirigió *Elysium*, una película que parecía ciencia ficción pero que cada día se parece más a un documental. En el film, la Tierra del año 2154 es un planeta devastado, superpoblado, contaminado hasta la toxicidad, donde los habitantes viven vidas miserables trabajando en fábricas que producen bienes para personas que nunca verán. Los ricos, mientras tanto, han construido una estación espacial llamada Elysium, un anillo orbital donde residen en mansiones con jardines perfectos, tienen máquinas que curan cualquier enfermedad en segundos y jamás tienen que ver la miseria que su riqueza ha creado abajo.

La metáfora era obvia hasta la náusea, pero resulta que Blomkamp se quedó corto. No necesitamos esperar hasta 2154. No necesitamos estaciones espaciales. Elysium ya está aquí, solo que está construido con jurisdicciones en lugar de metal, con leyes en lugar de muros, con dinero en lugar de distancia orbital.

Peter Thiel, el multimillonario que cofundó PayPal, que fue el primer inversor externo de Facebook, que financió la campaña de Donald Trump y que tiene ideas sobre la democracia que harían sonrojar a un dictador, no está esperando a que construyamos ciudades en el espacio. Está trabajando en algo mucho más práctico y mucho más perturbador: ciudades flotantes.

El proyecto se llama Seasteading, y la idea es simple en su arrogancia: construir plataformas habitables en aguas internacionales, fuera de la jurisdicción de cualquier país. Ciudades Estado corporativas donde las únicas leyes serían las que sus habitantes (léase: sus dueños) decidieran. Sin impuestos molestos. Sin regulaciones ambientales. Sin derechos laborales. Sin democracia, porque Thiel ha dejado claro que considera que «la libertad y la democracia son incompatibles».

No es una fantasía libertaria de un excéntrico con demasiado dinero. Bueno, sí lo es, pero también es un plan de negocios con inversores, ingenieros, abogados trabajando en los aspectos legales. Ya han hecho pruebas piloto. Ya han negociado con países para establecer «zonas económicas especiales» en sus aguas territoriales. Es cuestión de tiempo.

Y Thiel no está solo. Jeff Bezos no está invirtiendo miles de millones en Blue Origin porque le guste la astronomía. Está construyendo la infraestructura para que los ricos puedan, literalmente, abandonar el planeta cuando se vuelva inhabitable. Elon Musk no habla de colonizar Marte por espíritu aventurero. Habla de «hacer a la humanidad multiplanetaria» porque sabe que este planeta tiene los días contados y quiere asegurarse de tener un billete de salida.

Richard Branson con Virgin Galactic, el proyecto de minería de asteroides, las empresas que ya venden parcelas en la Luna… No es ciencia ficción. Es la secesión definitiva: abandonar físicamente el mundo que han ayudado a destruir.

El acontecimiento como profecía autocumplida

Lo más perverso de toda esta situación es que «el acontecimiento» del que hablaban esos cinco millonarios no es un desastre natural inevitable como un meteorito. Es una catástrofe manufacturada por el mismo sistema que los ha hecho obscenamente ricos.

Son ellos quienes han presionado para desregular las industrias que están cocinando el planeta. Son ellos quienes han construido el casino financiero global que explota cada década llevándose por delante millones de empleos y hogares. Son ellos quienes han automatizado y deslocalizado hasta crear un ejército de desempleados desesperados. Son ellos quienes han financiado la desinformación que paraliza cualquier acción colectiva contra el desastre.

Y ahora, cuando el monstruo que han creado está a punto de devorar el mundo, su respuesta no es matarlo. Es construir un búnker para ver el espectáculo desde una distancia segura.

La pregunta que ninguno de esos cinco millonarios le hizo a Rushkoff, la única pregunta que realmente importa, es también la más obvia: ¿y si, en lugar de gastar fortunas planeando cómo sobrevivir al apocalipsis, usaran ese mismo dinero para evitarlo?

Pero eso implicaría admitir que son parte del problema. Implicaría renunciar a un sistema que los ha convertido en dioses. Implicaría aceptar que su riqueza no es mérito, sino expolio. Y es mucho más fácil construir un búnker que mirarse al espejo.

Al final de la reunión, Rushkoff entendió que no había sido invitado para darles respuestas. Había sido invitado para darles permiso. Querían que alguien inteligente, alguien respetable, alguien que entendiera el futuro, les dijera que estaba bien. Que era racional. Que cualquier persona en su situación haría lo mismo.

Pero Rushkoff no les dio ese permiso. En lugar de eso, escribió sobre ellos. Los expuso. Nos mostró el búnker mental en el que viven los más poderosos del planeta: un lugar donde la humanidad es un estorbo, donde la civilización es desechable, donde el único valor que importa es la supervivencia individual.

Defender el orden

La épica de que pase el autobús

> La libertad es vivir sin miedo.
>
> Nina Simone

Hay una escena que se repite cada mañana en miles de ciudades: alguien sale de casa a las 7.15, mira el móvil para comprobar si el bus viene con retraso, calcula mentalmente si llegará a tiempo a dejar a los niños en el colegio antes de entrar a trabajar y, mientras tanto, reza para que no se cancele esa cita médica que lleva esperando tres meses. Esta coreografía de la incertidumbre cotidiana es el verdadero campo de batalla político de nuestro tiempo. No las grandes proclamas sobre el futuro de la humanidad, sino una pregunta brutal y sencilla: ¿funcionará mañana lo que necesito para vivir?

Durante décadas, la izquierda ha cedido la palabra «orden» a la derecha, como si fuera inherentemente reaccionaria. Como si hablar de estabilidad, predictibilidad o regularidad fuera traicionar no sé qué espíritu revolucionario. Y, entre tanto, la derecha ha usado esa palabra para todo menos para lo que realmente importa: para hablar de expulsar inmigrantes, de reprimir a los pobres o censurar gustos sexuales, pero nunca para hablar del desorden salvaje que introduce el mercado en la vida de la gente. Hemos caído en su trampa. Porque el orden que necesita la gente trabajadora no tiene nada que ver con la nostalgia autoritaria ni con el control social. Es algo mucho más básico y, a la vez, mucho más radical.

Es el orden de los horarios de autobús que se cumplen, de las citas médicas que salvan vidas, de las plazas escolares garantizadas. Es el orden aburrido y gris de lo público funcionando. El orden de saber que, si tu hijo enferma, habrá un pediatra; si envejeces, tendrás una pensión; si te despiden, existirá una prestación. Son las rutinas predecibles del estado del bienestar, esas que no aparecen en ninguna película épica pero que sostienen silenciosamente la posibilidad de una vida digna. Y resulta que este orden —el de las instituciones sólidas, los servicios universales, los derechos blindados— es profundamente revolucionario. Porque permite a la mayoría social algo que antes era privilegio de unos pocos: vivir sin miedo al mañana, hacer planes a medio plazo, proyectarse hacia el futuro sin que cada día sea una batalla por la supervivencia.

Piénsalo bien: ¿qué es más transformador? ¿El caos permanente que obliga a cada familia a buscarse la vida como pueda, o la certeza colectiva que permite a millones de personas estudiar, crear, organizarse, pensar más allá del próximo alquiler? El orden público, ese orden tan denostado por aburrido, es lo que libera tiempo y energía para todo lo demás. Es lo que permite que el hijo del albañil pueda dedicarse a la física teórica porque no tiene que preocuparse de si podrá pagarse la universidad. Es lo que hace posible que la madre soltera pueda terminar su formación porque sabe que hay una escuela infantil pública esperando.

Los que hoy se llenan la boca hablando de innovación y cambio son, en realidad, los grandes desorganizadores de la vida común. Cada reforma que proponen, cada «modernización» que impulsan introduce más caos en la existencia de millones de personas. Privatizan el transporte y, de repente, nadie sabe si habrá autobús en su barrio periférico porque no es rentable. Mercantilizan la sanidad y ahora necesitas un máster en letra pequeña para entender qué cubre exactamente tu seguro. Flexibilizan el trabajo y ya no puedes saber si el mes que viene tendrás ingresos, si podrás pedir una hipoteca, si tiene sentido hacer planes. O ser padres y madres. Rompen la educación en mil pedazos y las familias enloquecen navegando entre concertadas, públicas, bilingües, no bilingües, intentando descifrar cuál no destrozará el futuro de sus hijos.

No es casualidad: el caos es rentable para quien puede pagarse certezas privadas. El desorden es el negocio. Mientras las clases trabajadoras navegan la incertidumbre de servicios públicos degradados, listas de espera infinitas y derechos que se evaporan, hay quien compra seguridad en el mercado: colegios privados con plaza garantizada, seguros médicos con atención inmediata, planes de pensiones blindados. La desorganización de lo común es la materia prima de nuevos mercados. Cada servicio público que colapsa es una oportunidad de negocio. Cada derecho que se vuelve incierto es un nicho de mercado esperando a ser explotado.

Por eso la batalla por el orden es una batalla de clase, aunque no lo parezca. Aunque suene conservador. Aunque chirríe en nuestros esquemas mentales. Defender que el autobús pase a su hora es defender la posibilidad de que millones de personas puedan organizar su vida. Exigir que funcione la sanidad pública es exigir que la salud no dependa del código postal o la cuenta bancaria. Reclamar estabilidad laboral es reclamar el derecho a imaginar un futuro. No hay nada de conservador en esto. Al contrario: es profundamente subversivo en un sistema que necesita personas aterrorizadas, exhaustas, demasiado ocupadas sobreviviendo como para organizarse o pensar alternativas.

Los verdaderos antisistema llevan corbata

> Ser progresista no siempre significa romper con el pasado; a veces significa defender tenazmente aquello que permite que un futuro sea todavía posible.
>
> RAYMOND WILLIAMS,
> *Resources of Hope* (1989)

Pensemos en esa palabra que tanto les gusta: «disrupción». Suena juvenil, fresca, como si fuera el *skate* del capitalismo. Pero observemos qué disrumpen exactamente: horarios laborales (ahora eres emprendedor de ti mismo 24/7), seguridad social (mejor un plan de pensiones privado), educación pública (aquí tienes un crédito estudiantil). No están innovando: están demoliendo y vendiendo los escombros. Son los antisistema más eficaces de la historia, solo que en lugar de capucha llevan corbata y en lugar de cóctel molotov manejan Excel.

El neoliberalismo ha perfeccionado el arte del nihilismo organizado. No necesita proclamar que Dios ha muerto: le basta con cerrar el centro de salud del barrio. No requiere manifiestos anarquistas: le sobra con precarizar hasta que la vida se vuelva una ruleta rusa diaria. Han descubierto que no hace falta incendiar Roma para que el sistema caiga: basta con dejar que se pudran las cañerías.

Y aquí viene el cambio de guion que marea a más de uno: hoy, los verdaderos conservadores —en el sentido noble y republicano del término— somos quienes defendemos la sanidad pública, la escuela de barrio, el transporte que llega a su hora. Conservar se ha vuelto revolucionario cuando el sistema económico dominante se dedica a arrasar con todo lo que no produce rentabilidad inmediata. ¿Quién es más radical: quien pide que se privatice la gestión del agua o quien exige que siga siendo un bien común? ¿El que libera el mercado del alquiler o el que defiende el derecho a no vivir con miedo al desahucio?

El momento en que se pudo ver que algo profundo había cambiado fue durante una asamblea de Juventud sin Futuro. Veinteañeros debatiendo sobre… pensiones públicas. No sobre la revolución mundial ni sobre derribar el sistema, sino sobre cómo garantizar que existiera un sistema de jubilación cuando les tocara. La imagen rompía todos los clichés: jóvenes comportándose como si fueran los últimos adultos en la sala, defendiendo instituciones que sus padres daban por sentadas y que sus abuelos conquistaron con sangre y lágrimas.

Ellos entendieron antes que nadie la verdad incómoda: el futuro no es una promesa abstracta ni una app disruptiva. El futuro es heredar instituciones que funcionen. Es tener la certeza de que habrá hospital, escuela, biblioteca.

Que el agua saldrá del grifo y el bus pasará por la parada. Pero también es algo más básico: es poder quedarse. Poder construir una vida en tu barrio, cerca de tu gente, donde conoces al del bar y puedes cenar los domingos con tus padres. La juventud descubrió que, sin infraestructura común, no hay biografía posible, solo supervivencia atomizada. Y que, si no puedes permitirte vivir donde creciste, no hay arraigo posible, solo desarraigo disfrazado de aventura.

Porque esta generación ha tenido que tragarse otro truco retórico magistral: la expulsión convertida en cosmopolitismo. «Los jóvenes españoles, los más europeos», titulaban los periódicos mientras cientos de miles hacían las maletas no para ver mundo, sino para poder pagar un alquiler. «Generación Erasmus», lo llamaron, como si servir cafés en Berlín o programar en Dublín fuera parte de un gran tour formativo. Como si compartir piso hasta los cuarenta fuera vida bohemia y no precariedad estructural. Lo que es una derrota colectiva —un país que expulsa a su juventud mejor formada— se reempaqueta como victoria individual. No eres un exiliado económico: eres un nómada digital. No has sido expulsado: has elegido la aventura.

Esta generación ha visto cómo sus padres, que creyeron en la meritocracia y jugaron según las reglas, acabaron endeudados, ansiosos, medicados. Han comprobado que la promesa de «sé tu propio jefe» significa en realidad «sé tu propio explotador». Y han visto también cómo, mientras a ellos les venden la movilidad como libertad, otros heredan, se quedan, construyen sobre lo construido. Por eso su radicalidad no pasa por quemar contenedores, sino por exigir que la biblioteca abra los domingos y que el alquiler no supere el 30 por ciento del salario. Por eso piden poder quedarse, no tener que irse. Conservar para poder empezar: esa es su consigna no escrita.

Hospital o casino

Un país puede organizarse como un hospital o como un casino. En el hospital hay protocolos, turnos, cuidado universal. Y, sobre todo, hay un principio civilizatorio básico: la prioridad la marca la necesidad, no la cuenta bancaria. Primero el infarto, después el esguince. No importa si el del infarto es albañil y el del esguince es banquero. En el casino hay azar, deuda, adicción, la casa siempre gana y el que llega con más fichas juega en la mesa VIP mientras los demás se desangran en las tragaperras.

Pero pensemos un momento: ¿qué es realmente la libertad? ¿Es poder elegir entre veinte compañías eléctricas que te cobran lo mismo o es tener garantizado que la luz no te la cortan en invierno? ¿Es la libertad de cambiar de aseguradora médica o la de saber que, si te da un infarto, te atenderán sin preguntarte primero por la tarjeta de crédito?

La libertad sin instituciones no es libertad: es intemperie. Y en la intemperie no hay derechos, solo supervivientes. Por eso necesitamos faros que orienten y puertos que protejan. Las instituciones públicas son precisamente eso: faros y puertos. La desregulación apaga los faros y dinamita los puertos, y luego te vende un GPS privado y un seguro contra naufragios.

Sin reglas, mandan los que no necesitan reglas

Cuando alguien te hable de eliminar regulaciones, de liberar mercados, de quitar trabas a la economía, hazle esta pregunta simple: «¿Eres libre de lo que no puedes pagar?». Porque esa es la trampa del «libertad es elegir»: confunde capacidad de compra con libertad política.

Los límites no son prohibiciones arbitrarias: son las reglas de convivencia en un planeta finito con recursos escasos. Sin reglas no hay cancha donde jugar, solo la ley del más fuerte. Y el más fuerte no eres tú con tu nómina de mileurista, sino el fondo de inversión internacional que puede comprar tu bloque entero y subirte el alquiler un 40 por ciento.

La pandemia nos dio una lección magistral sobre esto. ¿Recuerdas la campaña de vacunación? Funcionó porque hubo una cola justa, una priorización pública, un criterio común. Si hubiéramos dejado que el mercado distribuyera las vacunas, los ricos se habrían puesto siete dosis y los pobres estarían todavía esperando. La vacunación masiva fue un momento de civilización: el triunfo de la planificación pública sobre el caos del mercado.

Necesitamos cambiar nuestras metáforas heroicas. La verdadera épica de nuestro tiempo no es la del emprendedor que triunfa contra todo pronóstico (*spoiler*: suele tener padres ricos). La épica real es la del técnico que mantiene el metro en funcionamiento, la médica que atiende en urgencias un sábado noche, el bibliotecario que abre las puertas cada mañana. El mantenimiento es heroico cuando la entropía neoliberal empuja hacia el colapso.

Hannah Arendt hablaba del «mundo común» como aquello que nos une y nos separa al mismo tiempo, como la mesa alrededor de la cual nos sentamos. Ese mundo común está siendo desmantelado pieza a pieza, vendido al mejor postor. Y cuando no queda mundo común, solo queda la guerra de todos contra todos disfrazada de competencia.

Por eso la batalla política fundamental de nuestro tiempo no es entre izquierda y derecha en el sentido clásico. Es entre quienes quieren conservar y ampliar lo común y quienes quieren liquidarlo para convertirlo en beneficio privado. Entre el hospital y el casino. Entre la certeza compartida y la incertidumbre rentable para unos pocos.

Instituciones, reductos de civilización

Sin bibliotecas, no hay civilización.

RAY BRADBURY

Imagínate que mañana te despiertas y las bibliotecas no existen. Nunca han existido. Y entonces llega un tipo a un pleno municipal y propone: «Miren, vamos a construir un edificio enorme, lo vamos a llenar de productos que cuestan entre veinte y cien euros cada uno, miles y miles de ellos, y la gente va a poder entrar, cogerlos y llevárselos a casa. Gratis. Durante semanas. Y, si son pobres, tendrán exactamente la misma prioridad que si son ricos». Te garantizo que, antes de que terminara la frase, ya habría tres columnistas escribiendo sobre el peligro comunista, dos economistas calculando las pérdidas para el sector editorial y un *think tank* preparando un informe titulado «Por qué regalar libros destruirá la civilización occidental». No obstante, las bibliotecas existen, funcionan, y nadie —ni el más talibán del libre mercado— se atreve a proponer cerrarlas. Curioso, ¿no?

Y, sin embargo, ahí está la paradoja brutal del capitalismo tardío. El sistema que se vende como la cumbre de la modernidad, el que promete innovación disruptiva cada martes y revoluciones tecnológicas cada viernes, ha dedicado las últimas cuatro décadas a destruir de forma sistemática todo aquello que hacía la vida medianamente vivible. Es como si hubiéramos contratado a un arquitecto vanguardista para renovar nuestra casa y su plan maestro consistiera en derribar todos los muros de carga mientras nos promete que la gravedad es un concepto obsoleto.

Pero aquí viene lo fascinante: en medio de este festival de demolición, quedan en pie unos cuantos edificios extraños. Son construcciones que funcionan con una lógica completamente distinta, casi marciana si las comparamos con las reglas del mercado. Las bibliotecas públicas, como hemos adelantado. ¿Te has parado a pensar en lo absolutamente subversivo que es el concepto de biblioteca? Entras, coges lo que quieras, te lo llevas a casa, lo devuelves cuando te apetezca. Sin pagar. Sin publicidad. Sin que nadie rastree tus datos para vendérselos a una empresa tecnológica. Es más: si eres un crío de barrio obrero, tienes exactamente el mismo derecho a llevarte el último premio literario que el hijo del notario.

Hay un concepto fascinante en biología evolutiva: los «fósiles vivientes», especies que han permanecido casi sin cambios durante millones de años porque encontraron una forma de vida tan efectiva que no necesitaron evolucionar. Los tiburones, los cocodrilos, los helechos.

Nuestras instituciones públicas son algo parecido, pero al revés: no son fósiles del pasado, sino del futuro. Son formas de organización social que se adelantaron a su tiempo, que ya funcionan con la lógica que necesitaremos cuando el delirio del mercado total se vuelva definitivamente insostenible.

La biblioteca pública es un fósil del futuro. El hospital público es un fósil del futuro. La escuela pública es un fósil del futuro. No porque sean perfectos —están llenos de problemas, burocracias, ineficiencias—, sino porque encarnan un principio superior: que hay cosas demasiado importantes para dejarlas en manos del mercado.

La paradoja del parásito

> Hay dos tipos de personas: las que creen que ciertas cosas no deberían comprarse nunca y las que creen que todo tiene un precio.
>
> G. K. CHESTERTON

Aquí está la ironía suprema: el capitalismo neoliberal, que tanto desprecia lo público, que tanto sermonea sobre la eficiencia del mercado, es en realidad un parásito que no podría sobrevivir sin estas instituciones. Sin educación gratuita que forme trabajadores, sin sanidad pública que los mantenga vivos y productivos, sin infraestructuras estatales que permitan el transporte de mercancías, sin investigación básica financiada con dinero público que después las empresas patentan, el sistema se vendría abajo en cuestión de meses.

Es más: cuanto más «puro» es el neoliberalismo, más invivible se vuelve la sociedad. Estados Unidos, el paraíso del libre mercado, tiene ciudades donde la gente literalmente muere por no poder pagar la insulina. El Reino Unido, después de años de thatcherismo recalentado, tiene listas de espera sanitarias que parecen más bien listas de defunción programada. Chile, el experimento neoliberal perfecto de los Chicago Boys, explotó en 2019 precisamente por el hartazgo ante un sistema donde todo, absolutamente todo, estaba mercantilizado.

Y, mientras tanto, ¿dónde funciona mejor la vida? En aquellos lugares donde estas instituciones públicas son más fuertes, más extensas, más respetadas. Los países nórdicos no son prósperos a pesar de su estado del bienestar, sino precisamente gracias a él. Alemania no es una potencia industrial a pesar de su educación pública gratuita, sino porque forma a sus ciudadanos sin endeudarlos de por vida.

El socialismo que ya practicamos

Lo que llamamos «normalidad» es solo la utopía
de alguien que ya ganó.

REBECCA SOLNIT

Hay que decirlo alto y claro: el socialismo no es una utopía
lejana ni una fantasía revolucionaria. Lo practicamos todos
los días sin darnos cuenta. Cada vez que usamos el transporte público en lugar de Uber. Cada vez que llevamos a
los niños al parque municipal en lugar de al parque temático de pago. Cada vez que bebemos agua del grifo (esa
maravilla de la ingeniería pública) en lugar de comprar botellas de plástico con agua prémium de manantial.

La izquierda lleva décadas cometiendo un error garra-
fal: en vez de señalar estos espacios como pruebas vivientes
de que otro mundo es posible, los ha tratado como concesiones temporales del capital, como migajas que el sistema
nos tira para mantenernos tranquilos. Pero no son migajas:
son semillas. No son concesiones: son conquistas. No son
restos del pasado: son anticipos del futuro.

El neoliberalismo ganó la batalla cultural cuando consiguió que viéramos estas instituciones como gastos en lugar
de inversiones, como cargas en lugar de derechos, como
ineficiencias en lugar de espacios de dignidad. Nos conven-

ció de que lo normal era pagar por todo, competir por todo, mercantilizar todo. Pero esa normalidad es una construcción ideológica tan frágil como un castillo de naipes.

Porque, en el fondo, todos sabemos que hay cosas que no deberían estar en venta. Nadie (bueno, casi nadie) cree realmente que deberíamos subastar los órganos para trasplantes. Nadie piensa que los bomberos deberían preguntar por tu saldo bancario antes de apagar el fuego de tu casa. Nadie defiende que los niños ricos deberían tener mejor aire que respirar que los pobres (aunque, de facto, ya lo tienen).

Esa intuición moral —que hay bienes que deben ser comunes, derechos que deben ser universales, servicios que deben ser públicos— es el verdadero sentido común. El neoliberalismo ha tenido que invertir miles de millones en propaganda, *think tanks*, medios de comunicación y cátedras universitarias para hacernos olvidar algo tan básico. Y, aun así, no lo ha conseguido del todo.

La tarea política de nuestro tiempo no es soñar con revoluciones imposibles ni esperar el gran colapso purificador. Es mucho más simple y a la vez más radical: tomar estas islas de sentido común práctico y expandirlas hasta que se toquen, hasta que formen continentes, hasta que la excepción se convierta en la regla.

¿Por qué la lógica de la biblioteca no puede aplicarse a la vivienda? Imagina edificios públicos de apartamentos que pudieras «tomar prestados» por el tiempo que los necesites, devolviéndolos cuando tu situación cambie. ¿Por qué la lógica de la escuela pública no puede extenderse a la formación continua? Universidades populares donde pudieras estudiar toda la vida, cambiar de carrera, explorar saberes, sin hipotecarte. ¿Por qué la lógica del parque público no puede aplicarse a los espacios digitales? Redes sociales desprivatizadas, sin algoritmos de adicción, sin vigilancia comercial, sin polarización rentable.

No es utópico. Es perfectamente factible. De hecho, es más realista que fingir que el capitalismo neoliberal puede seguir funcionando mientras destruye las bases materiales y sociales de su propia existencia. Es más pragmático que esperar que el mercado solucione mágicamente la crisis climática, la desigualdad obscena o la epidemia de soledad y ansiedad.

MORIR SOLOS, VIVIR JUNTOS

> Donde los hombres viven aislados, la barbarie comienza.
>
> HANNAH ARENDT

Empieza con una muerte absurda. Chicago, julio de 1995. Un hombre de setenta y tres años muere en su apartamento del South Side mientras fuera el termómetro marca 41 °C. La policía tiene que forzar tres cerraduras para entrar. El ventilador sigue girando cuando lo encuentran, moviendo el mismo aire caliente en círculos perfectos, como una metáfora cruel de su aislamiento. No murió del calor: murió de la distancia entre su puerta y la del vecino.

Esa semana, Chicago se convirtió en un laboratorio involuntario sobre la diferencia entre civilización y barbarie.

Setecientas treinta y nueve personas murieron en cinco días. Los forenses trabajaban en turnos dobles, los camiones refrigerados hacían cola. Las autoridades sanitarias, superadas por los números, empezaron a dibujar perfiles: vivían solos, eran pobres, no tenían aire acondicionado, la familia estaba lejos. Check, check, check. La muerte parecía una ecuación predecible.

Pero entonces apareció la anomalía que lo cambió todo. Con ese perfil demográfico, deberían haber muerto más mujeres —son mayoría en esa franja de edad y pobreza—, pero los cadáveres eran masculinos de forma abrumadora. ¿La explicación? Las mujeres tenían algo que no aparece en ningún censo: redes. Amigas que llamaban, vecinas que golpeaban la puerta, sobrinas que insistían. Los hombres tenían orgullo y cerraduras reforzadas.

Aquí está la primera lección brutal: la infraestructura que salva o mata no está hecha solo de hormigón y cables. Está hecha de nombres que conocemos, timbres que nos atrevemos a tocar, llaves que dejamos a alguien. Un vecino que sabe tu nombre vale más que un aire acondicionado cuando el termómetro enloquece. Una biblioteca con las puertas abiertas y sillas frescas salva más vidas que mil apps de emergencia que nadie descarga.

Ahora crucemos el golfo de México.

Cuba recibe huracanes como otras islas reciben turistas: con frecuencia, intensidad y cierta resignación festiva. Pero hay algo extraño en las estadísticas. El huracán Katrina mató a 1.833 personas en Estados Unidos en 2005. El huracán Iván, de similar intensidad, mató a cero personas en Cuba en 2004. No es que el viento respete las ideologías. Ni que el país de los Castro sea un modelo envidiable, ni mucho menos. Es que Cuba trata los huracanes como lo que son: un enemigo común.

Iván de la Nuez lo explicó con esa ironía cubana que corta como machete: en la isla, el huracán es tratado como «un enemigo imperialista». La broma castrista esconde una verdad profunda: si el enemigo es común, la respuesta no puede ser individual. No puedes negociar tu salvación personal con un ciclón categoría 5. O nos salvamos juntos o nos ahogamos por separado.

¿Cómo se traduce eso cuando el viento empieza a rugir? No hay misterio, hay método. Cada manzana está cartografiada con nombres y apellidos. Los vulnerables no son una estadística, sino rostros concretos: María, la del segundo piso con problemas de movilidad; Roberto, el veterano que vive solo; la familia haitiana que acaba de llegar. Cuando suena la primera alarma, no hay improvisación. Hay coreografía social. Fulano pasa por Mengana, Mengana lleva las medicinas de Zutano, Zutano tiene las llaves del centro comunitario. Es una tecnología de supervivencia hecha de hábitos y responsabilidades claras.

Los simulacros no son opcionales. Son parte del calendario, como los cumpleaños o las fechas patrias. Y cuando llega el huracán de verdad, cuando el ojo del monstruo mira directamente a la isla, cada cual conoce su papel en esta obra de supervivencia colectiva. No porque sean héroes, sino porque han ensayado. La civilización, resulta, se parece más a un ensayo teatral que a una epopeya.

Volvamos a Chicago, pero no a 1995. Vayamos realmente a cualquier tarde de verano en cualquier ciudad que se precie de moderna. Los apartamentos son búnkeres con wifi. Los vecinos son extras en el decorado de nuestra vida privada. Las puertas tienen mirillas, pero nadie mira. Los timbres están, pero sería raro —invasivo, casi— tocarlos sin una emergencia evidente. Hemos perfeccionado el arte de vivir juntos pero separados, cerca pero sin tocarnos, conectados digitalmente pero humanamente en modo avión.

Esta es la barbarie con modales: un orden eficiente donde cada cual gestiona su supervivencia como si fuera su cuenta de LinkedIn. El mercado proveerá soluciones (aire acondicionado para quien pueda, ventiladores para quien no, y para los demás… Bueno, los demás son una externalidad del sistema). El Estado se lava las manos con alertas que nadie lee. La comunidad es una palabra que suena a nostalgia o a populismo, depende de quién la pronuncie.

Pero aquí viene el giro que duele: no necesitamos esperar al próximo desastre climático para verificar esta tesis. Basta con hacer el experimento mental. Ahora mismo, mientras lees esto: ¿cuántos nombres conoces en tu edificio? ¿Quién tiene una copia de tu llave? Si mañana hay una alerta roja, ¿quién vendría a tu puerta? Más importante aún: ¿a qué puertas irías tú?

El silencio que sigue a estas preguntas es el sonido de la barbarie.

Porque civilización no es tener ciudades inteligentes con sensores en cada esquina. Civilización es que la señora del quinto sepa que el chico del primero es diabético. No es tener protocolos de emergencia en PDF. Es que el bar de la esquina se transforme en refugio sin necesidad de una orden municipal. No es tener apps de vecinos. Es atreverse a tocar el timbre sin pedir permiso por WhatsApp primero.

La próxima ola de calor o el próximo desastre natural no va a preguntar por nuestras opiniones sobre el cambio climático. Va a preguntar por nuestras redes. Y ahí, en ese momento preciso donde el termómetro se vuelve juez, se revelará qué hemos estado construyendo: refugios comunitarios o sarcófagos individuales, vecindarios o simplemente conjuntos de direcciones postales, ciudades o cementerios verticales esperando su turno.

La mejor manera de salvarse es en comunidad. No es un eslogan bonito para poner en una taza. Es una tecnología de supervivencia probada en Chicago por ausencia y en Cuba por presencia. Es la diferencia entre morir con tres cerrojos puestos mientras el ventilador gira en el vacío o vivir porque alguien —ese alguien cuyo nombre conocemos, cuya llave tenemos, cuya vida nos importa— tocó el timbre a tiempo.

Si civilización significa algo en el siglo del clima desbocado, significa esto: que nadie muera sin que alguien llame a su puerta.

La amenaza del comunismo que consiguió IKEA

> Cuando todo es mercancía, toda cultura termina por parecerse.
>
> TERRY EAGLETON,
> *La idea de cultura* (2000)

Imagina un experimento: se expone una serie de fotografías de salones de diferentes casas en Londres, París, Berlín, Madrid y Milán. Sin nombres, sin contexto, solo las imágenes. ¿Podrías distinguir en qué ciudad está cada sala? Probablemente no. Todos tendrían la misma lámpara REGOLIT de papel arrugado, el mismo sofá KIVIK gris, la misma estantería BILLY (en blanco, negro o efecto roble), la misma mesa LACK que pesa sospechosamente poco, el mismo reloj PUGG que nadie sabe pronunciar, la misma planta FEJKA que ni siquiera es real en su maceta MUSKOT de terracota. Por primera vez en la historia, un arqueólogo del futuro no podría distinguir entre culturas europeas por sus objetos domésticos. Todos vivimos en el mismo piso, solo que en diferentes ciudades.

Durante la Guerra Fría nos vendieron el comunismo como la pesadilla de la uniformidad. Las imágenes que llegaban del Este mostraban siempre lo mismo: colas grises para comprar el único modelo de zapatos, apartamentos idénticos con muebles idénticos, la tienda estatal como único proveedor. «En el comunismo —decían los propagandistas occidentales—, pierdes tu individualidad. Todos viven igual, todos consumen lo mismo. Es la muerte de la expresión personal». Mientras tanto, el capitalismo se presentaba como el paraíso de la diversidad: infinitas marcas, millones de opciones, tu personalidad única expresada en cada compra.

Qué curioso entonces que hayamos acabado todos con la misma estantería BILLY.

IKEA consiguió lo que ningún régimen comunista logró jamás: uniformidad global voluntaria. No necesitó decretos ni imposiciones. No requirió amenazas ni adoctrinamiento. Solo hizo falta un catálogo de 470 páginas, nombres suecos impronunciables y la promesa de que tú mismo podrías montarlo. El resultado: 450 millones de personas visitando las mismas tiendas, siguiendo las mismas flechas en el suelo, comprando los mismos productos, viviendo en los mismos espacios.

El genio está en el método. IKEA no dice: «Debes tener

estos muebles». Dice: «Mira qué solución tan práctica y asequible». No impone un estilo de vida, te ayuda a «encontrar el tuyo» (que casualmente es idéntico al de millones). No te obliga a nada, solo diseña sus tiendas como laberintos de los que no puedes salir sin pasar por todo el catálogo. Es el totalitarismo perfecto: uno que te hace creer que has elegido.

Pensemos en la experiencia IKEA completa. Entras buscando una lámpara. Tres horas después sales con velas, servilletas, un peluche y sí, la lámpara, pero también una sensación extraña de haber participado en un ritual. Has seguido el camino marcado como todos los demás peregrinos del sábado. Has comido las albóndigas como comunión secular. Has cargado tu caja plana como todos cargan sus cajas planas. Has participado en la misa del consumo uniformizado y has pagado por el privilegio.

Pero IKEA es solo la metáfora más visible. Todo el ecosistema capitalista convergió hacia la misma uniformidad que supuestamente combatía. Zara viste a medio planeta con las mismas cinco tendencias. Netflix nos sirve el mismo menú audiovisual mientras el algoritmo simula personalización. Amazon nos lleva a todos a comprar los mismos productos «mejor valorados». El algoritmo es el nuevo Politburó pero más eficiente: no necesita decretar qué debes querer, te lo sugiere hasta que lo deseas.

Lo verdaderamente perverso es cómo hemos interiorizado esta uniformidad como expresión de nuestro gusto personal. «Me encanta el estilo nórdico», decimos, sin darnos cuenta de que no es nuestro gusto, sino el único estilo disponible en nuestra franja de precio. El minimalismo se convirtió en el uniforme obligatorio del capitalismo tardío. Pero no es una elección estética: es la única opción para vidas precarizadas en espacios cada vez más pequeños. Llamamos «estilo de vida» a lo que en realidad es supervivencia estilizada.

Y aquí aparece lo más cruel: mientras el comunismo soviético era honesto sobre su uniformidad —nadie fingía que elegía—, nuestro capitalismo nos hace creer que somos únicos. Nos vende la uniformidad como individualización. Nos convence de que expresamos nuestra personalidad eligiendo entre cinco colores del mismo producto.

La trampa es que esta uniformidad viene estratificada, lo que la hace parecer diversidad. No es el igualitarismo plano del comunismo: es una uniformidad con niveles. El rico tiene cinco MALM en cinco casas; el precario tiene una MALM de segunda mano. Mismos productos, diferente acceso. Es un comunismo prémium con sistema de castas incorporado.

Aunque es más perverso que eso. Piensa en cualquier ciudad occidental. Los barrios ricos son diversos: casas victorianas, *lofts* minimalistas, áticos *art déco*. Los barrios de clase media y trabajadora son idénticos: los mismos bloques, los mismos interiores, los mismos muebles. La uniformidad soviética existe, solo que geolocalizada por código postal.

El monopolio es la tendencia natural del capitalismo tardío. Competencia que deriva en concentración, concentración que deriva en uniformidad. Hay algo profundamente distópico en entrar a diez pisos de alquiler en tu ciudad y encontrar exactamente los mismos muebles. No porque un planificador central lo decidiera, sino porque el mercado del alquiler, los salarios precarios y la concentración empresarial convergieron en el mismo resultado. Es la planificación central del mercado: invisible pero implacable.

La amenaza del comunismo con la que nos asustaban —todos viviendo igual, sin expresar individualidad— no solo llegó: la abrazamos con entusiasmo. Le pusimos cinco estrellas en Google Maps. Hicimos cola los sábados para conseguirla.

La diferencia entre la uniformidad comunista y la capitalista no es la cantidad de opciones. Es que una te dice que no hay opciones y la otra te hace creer que elegir entre cinco colores del mismo producto barato es libertad. Una admite la imposición; la otra la disfraza de estilo de vida.

IKEA no es el problema. Es el síntoma de un sistema que te deja solo dos opciones: endeudarte o conformarte. Y luego llama a eso libertad de mercado. Como si fuera muy libre escoger siempre lo más barato porque es lo único que puedes elegir. Como si la verdadera amenaza no fuera vivir todos igual, sino no poder permitirte vivir de otra manera.

Dos predicciones de Keynes en Madrid

> Nos será posible, por lo menos para nuestros nietos, destinar a las necesidades económicas una cantidad de tiempo que no rebasará las tres horas diarias.
>
> JOHN MAYNARD KEYNES (1930)

Madrid, primavera de 1930. La dictadura de Primo de Rivera acaba de caer, Alfonso XIII tiembla en el trono y en los cafés de la Puerta del Sol se respira ese aire eléctrico que precede a los grandes cambios históricos. En medio de esta turbulencia, John Maynard Keynes llega a la Residencia de Estudiantes para dar una conferencia. El economista más brillante de su época tiene una profecía que compartir con los españoles: en cien años, les dice, trabajaremos quince horas a la semana.

No es una locura. Keynes ha hecho los cálculos: la riqueza se multiplicará por un factor de entre cuatro y ocho, la tecnología avanzará de formas inimaginables y el «problema económico» que ha perseguido a la humanidad desde el principio de los tiempos —la lucha por la subsistencia— quedará resuelto. Tres horas al día de trabajo. El resto para vivir.

Los asistentes tienen razones para creerle. España acaba de conquistar, apenas once años antes, la jornada de ocho horas tras la épica huelga de La Canadiense. De trabajar de sol a sol en las fábricas textiles de Barcelona a las cuarenta horas semanales. Si eso fue posible, ¿por qué no soñar con quince?

Avancemos la película noventa y seis años. Los nietos de aquellos que escucharon a Keynes somos, efectivamente, entre cuatro y ocho veces más ricos. El economista acertó los cálculos con una precisión extraordinaria. Tenemos ordenadores que caben en el bolsillo más potentes que los que llevaron al hombre a la Luna. Inteligencia artificial que escribe, diseña, diagnostica, programa. Robots que construyen coches, algoritmos que mueven mercados, máquinas que hacen el trabajo de cientos de personas.

Y, sin embargo —aquí viene lo absurdo—, seguimos trabajando las mismas cuarenta horas semanales. En España, en Estados Unidos, en Japón, en casi todas partes. Algunos incluso más. Como si el último siglo de progreso tecnológico no hubiera ocurrido. Como si estuviéramos atrapados en un bucle temporal del que no sabemos salir.

¿Qué diablos pasó?

La respuesta corta es que cada vez que la tecnología

elimina una hora de trabajo necesario, inventamos tres horas de trabajo innecesario. Es genial en su perversidad. Un contable con Excel hace hoy el trabajo que requerían veinte contables con libros en 1930, pero ahora tenemos veinte tipos diferentes de informes que generar. Un diseñador con Photoshop produce en una tarde lo que antes llevaba semanas, pero ahora necesitamos diseños para todo, iteraciones infinitas, *A/B testing* hasta la náusea.

David Graeber lo bautizó como el fenómeno de los *bullshit jobs* (trabajos de mierda): empleos que no aportan nada a la sociedad y que incluso quienes los desempeñan saben que son inútiles. Managers que gestionan managers. Consultores que aconsejan a consultores. Coordinadores que coordinan coordinadores. Se estima que el 40 por ciento de los trabajos en las economías desarrolladas son, esencialmente, teatro laboral. Millones de personas levantándose cada mañana para fingir que hacen algo importante mientras esperan a que lleguen las cinco de la tarde.

Y aquí viene la ironía más cruel de todas: la inteligencia artificial, que podría ser la herramienta definitiva para conseguir por fin las quince horas de Keynes, está siendo usada para exactamente lo contrario. ChatGPT no está reduciendo jornadas laborales: está permitiendo que una persona haga el trabajo de tres, para que las empresas puedan despedir a dos y hacer trabajar el triple a la que queda. GitHub Copilot no significa programadores trabajando menos horas: significa programadores produciendo más código en las mismas horas. La automatización no nos está liberando: está intensificando el trabajo de los supervivientes.

Es como si hubiéramos olvidado completamente para qué se supone que sirve el progreso. Keynes daba por hecho que el objetivo de la prosperidad era liberar tiempo humano. Que la tecnología era un medio para vivir mejor, no un fin en sí mismo. Pero, en algún momento de las últimas décadas, esa lógica se invirtió. Ahora la productividad es el objetivo. Crecer es el objetivo. Escalar es el objetivo. El trabajo no es un medio para vivir; vivir es lo que hacemos en los huecos que deja el trabajo.

España es un caso particularmente tragicómico. El país que escuchó la profecía de Keynes está hoy a la cabeza de Europa en horas trabajadas y a la cola en productividad. Los españoles pasan más tiempo en la oficina que los alemanes o los holandeses, pero producen menos. Han perfeccionado el arte del presentismo: calentar la silla, estirar reuniones, crear la ilusión de actividad. Mientras en Dinamarca experimentan con semanas laborales de cuatro días, en Madrid siguen con jornadas partidas que destrozan las tardes y una cultura de trabajo que confunde agotamiento con compromiso.

Pero no nos engañemos: esto no es un problema español. Es el mal de nuestra época. En Silicon Valley, la meca de la innovación tecnológica, presumen de trabajar ochenta horas semanales. En Wall Street, no dormir es una medalla de honor. En Tokio tienen una palabra específica —*karoshi*— para la muerte por exceso de trabajo. La misma tecnología que debería liberarnos nos ha encadenado de formas más sofisticadas: ahora el trabajo nos persigue hasta casa en forma de emails, *slacks*, notificaciones. La oficina cabe en el bolsillo. La desconexión es casi imposible.

Si Keynes pudiera vernos hoy, no entendería nada. Le mostraríamos nuestros smartphones, nuestra inteligencia artificial, nuestros robots, y pensaría: «Perfecto, entonces ya trabajáis las quince horas». Le explicaríamos que no, que trabajamos más que nunca, que toda esa tecnología es para ser más productivos, para optimizar, para hacer más en menos tiempo.

«Pero ¿hacer más de qué?», preguntaría.

Y ahí nos quedaríamos mudos. Porque la verdad es que no lo sabemos. Hacemos más informes que nadie lee. Más reuniones sobre reuniones. Más productos que se vuelven obsoletos antes de venderse. Más contenido que se pierde en el ruido digital. Más de todo y nada al mismo tiempo. Hemos creado una máquina de producir actividad sin propósito, movimiento sin destino, velocidad sin dirección.

Es la trampa perfecta: una carrera en la que todos corren cada vez más rápido no para llegar a algún lado, sino porque todos los demás están corriendo. Un juego absurdo donde detenerse está prohibido no por alguna ley de la física o la economía, sino porque hemos olvidado que podemos parar.

El Madrid que conoció Keynes en 1930 estaba a punto de intentar cambiar el mundo. Fracasó —la Guerra Civil se encargaría de recordárselo—, pero al menos se atrevió a imaginar un futuro diferente. El mundo de 2026 tiene toda la tecnología necesaria para hacer realidad la profecía de las quince horas, pero ha perdido la capacidad de imaginar que es posible. Hemos normalizado tanto el exceso de trabajo que quien propone trabajar menos parece un iluso, un vago, un radical peligroso.

Y, mientras tanto, la máquina sigue funcionando. Produciendo cosas que no necesitamos, con trabajos que no deberían existir, robándonos un tiempo que no volverá. Los nietos de los que escucharon a Keynes somos más ricos que nunca y más pobres de tiempo que nuestros abuelos. Conquistamos el futuro que él predijo en términos económicos, pero perdimos el futuro que imaginó en términos humanos.

Las quince horas semanales no llegaron. No porque fuera imposible, sino porque elegimos otro camino. Elegimos tener sobre ser. Elegimos la abundancia de objetos sobre la abundancia de tiempo. Y ahora, atrapados en esta trampa que nosotros mismos construimos, empezamos a sospechar que tal vez nos equivocamos de futuro.

Cuando Marco Aurelio se puso a vender criptomonedas

La nostalgia es el privilegio de los no excluidos.

Enrique del Teso

Incluso el espíritu se convierte hoy en un artículo más de consumo.

Theodor W. Adorno

Hay algo profundamente grotesco en ver a un *influencer* de gimnasio citando a Marco Aurelio mientras promociona su curso de *trading*. Es como encontrarse a Sócrates vendiendo Herbalife o a Epicuro haciendo publicidad de OnlyFans. Pero ahí están, proliferando como setas después de la lluvia: los nuevos estoicos de TikTok, los vikingos de bañera helada, los espartanos del *coworking*. Una legión de hombres convencidos de que son la reencarnación del emperador filósofo porque se levantan a las cinco de la mañana para hacer *burpees*.

El fenómeno sería cómico si no fuera sintomático. En los márgenes más rentables del ultraliberalismo digital, figuras como Andrew Tate o Amadeo Llados han construido imperios vendiendo una masculinidad de cartón piedra, barnizada con citas descontextualizadas de los clásicos. «Disciplina es destino», proclaman mientras te explican que el verdadero hombre —el «hombre de alto valor», en su jerga— debe controlar sus emociones como Marco Aurelio, entrenar como un espartano y conquistar como un vikingo. Todo ello, curiosamente, comprando su masterclass de 997 euros.

¿Por qué triunfa esta operación? La respuesta requiere desentrañar varias capas de nuestra crisis contemporánea.

Vivimos en sociedades que han demolido sistemáticamente las estructuras tradicionales de significado —religión, comunidad, proyecto colectivo— sin ofrecer nada a cambio salvo la promesa del consumo infinito. Los jóvenes, sobre todo los hombres jóvenes, se encuentran flotando en un vacío existencial donde las viejas certezas sobre la masculinidad han sido cuestionadas (con razón), pero sin que emerjan modelos alternativos claros y accesibles.

En este desierto de sentido, la promesa de convertirse en un guerrero estoico resulta irresistible. Ofrece identidad, propósito y, por encima de todo, una narrativa heroica individual en un mundo que parece negar toda posibilidad de heroísmo.

El neoliberalismo ha precarizado el trabajo hasta límites obscenos. La promesa de progreso mediante el esfuerzo honesto se ha revelado como una estafa para la mayoría. Pero, en lugar de cuestionar el sistema, estos gurús ofrecen una solución perversa: no es que el sistema esté roto, es que tú no estás siendo lo suficientemente disciplinado, lo suficientemente estoico, lo suficientemente «de alto valor».

Lo que estos mercaderes jamás mencionan es que Marco Aurelio escribía sus *Meditaciones* desde la cúspide de un imperio sostenido por millones de esclavos. Que, cuando el emperador reflexionaba sobre la virtud y el autocontrol, lo hacía sin la menor preocupación por pagar el alquiler. Hoy, sin embargo, se replican sus lecciones para que trabajes aún más para tu jefe, convirtiendo la autoexplotación en virtud filosófica.

Las redes sociales no son neutrales en este proceso. Los algoritmos premian el contenido que genera *engagement*, y pocas cosas generan más *engagement* que la combinación de masculinidad tradicional, promesas de éxito rápido y una pizca de controversia misógina. Un vídeo de alguien metiéndose en agua helada mientras cita a Séneca y habla de «mentalidad de tiburón» es oro puro para el algoritmo de TikTok.

Esto crea un círculo vicioso: el contenido más extremo genera más visualizaciones, lo que incentiva versiones aún más extremas, hasta que acabamos con Andrew Tate convirtiendo el estoicismo en coartada para la masculinidad tóxica, donde el control emocional se reinterpreta como dominación y la virtud como acumulación de capital y conquistas sexuales.

El éxito de esta operación, además, depende de un ejercicio sistemático de manipulación histórica. Se toma lo que conviene —la disciplina, el control emocional, la indiferencia ante el dolor— y se descarta todo lo demás. Nadie menciona que en la Esparta que tanto veneran era perfectamente masculino acostarse con otros hombres. Que el Batallón Sagrado de Tebas, una de las unidades militares más temidas de Grecia, estaba formada por parejas de amantes masculinos.

El escándalo reciente por la serie de Netflix sobre Alejandro Magno es revelador. «Lo han convertido en gay», bramaban en las redes, como si la sexualidad del macedonio fuera una invención *woke* y no un hecho histórico ampliamente documentado. La furia no es ignorancia casual: es pánico ante la evidencia de que sus héroes no encajan en el molde que necesitan vender.

La apropiación no es inocente. Desde el nazismo hasta los Proud Boys de Trump, los símbolos nórdicos y romanos han servido para legitimar proyectos supremacistas. El águila imperial, las runas, el saludo romano: todo un arsenal simbólico al servicio de lo que pretende ser un retorno a los valores primordiales pero que no es más que la barbarie tecnificada del presente.

Esta nueva barbarie no se presenta como caos tribal, sino como orden, disciplina y optimización perpetua. Es perfectamente funcional al capitalismo tardío: produce sujetos autoexplotados que interpretan su precariedad como falta de disciplina personal, que buscan soluciones individuales a problemas sistémicos, que consumen productos y cursos en una búsqueda infinita de optimización.

La barbarie contemporánea necesita héroes de cartón, filosofías de galleta de la suerte, historias simplificadas hasta la caricatura. Necesita venderte la ilusión de que puedes ser un guerrero antiguo con mentalidad de CEO, un filósofo estoico con cuenta en Tinder, un vikingo que hace ayuno intermitente. Y, mientras tanto, la verdadera batalla por el futuro de la humanidad se libra en otro lugar, lejos de las bañeras heladas y las citas motivacionales sacadas de contexto.

Porque, al final, lo que estos nuevos bárbaros con smartphone están vendiendo no es un retorno a la civilización clásica, sino su perversión última: una barbarie que se disfraza de sabiduría antigua, un nihilismo que se vende como filosofía de vida, un proyecto de dominación que se presenta como liberación personal.

Barbarie de humo y coches

> El capitalismo no solo produce mercancías; produce geografías enteras pensadas para que sigamos consumiendo.
>
> DAVID HARVEY

Hemos construido un paisaje que no vale la
pena amar.

James Howard Kunstler

Son las 7.23 de la mañana y Tom está atrapado en la autopista de Los Ángeles contemplando el cogote del conductor
de delante mientras escucha un pódcast sobre productividad. A su derecha, una mujer se maquilla aprovechan-
do el semáforo en rojo. A su izquierda, un ejecutivo grita
por el manos libres algo sobre unos plazos de entrega.
Todos están quietos, pero van a toda velocidad hacia ninguna parte. El navegador indica «doce minutos de retraso
por tráfico intenso», esa mentira piadosa que el algoritmo
repite cada mañana como un mantra tecnológico. Tom
hace un cálculo rápido: lleva tres años haciendo este mismo trayecto, cinco días a la semana. Son aproximadamen-
te mil quinientas horas de su vida mirando el parachoques
de otros coches. Con ese tiempo podría haber aprendido
mandarín, escrito una novela o simplemente haber dor-
mido sesenta y dos días completos más. Pero no. Está
aquí, respirando micropartículas de neumático mientras
paga seiscientos cincuenta dólares al mes por el privilegio
de poseer esta jaula con ruedas.

Ivan Illich lo vio con claridad hace medio siglo en su
libro *Energía y equidad*, un texto visionario que desen-

mascaraba las mentiras del progreso motorizado. Este pensador austriaco, que vivió en México y revolucionó la crítica social desde América Latina, calculó algo que nadie se había atrevido a calcular: la velocidad real del transporte moderno. Su conclusión fue devastadora: el estadounidense promedio dedica 1.600 horas anuales a su coche para recorrer unos 10.000 kilómetros. La velocidad real, si dividimos distancia entre tiempo total invertido, es de 6 km/h. La misma que alcanza un campesino vietnamita en bicicleta o un oficinista de Pontevedra caminando con prisa moderada hacia el trabajo. Pero aquí está el truco magistral del sistema: hemos convertido la ineficiencia en símbolo de progreso.

Illich no era un nostálgico romántico. Era un matemático de la vida cotidiana que se atrevió a sumar lo que el capitalismo prefiere mantener separado: el tiempo en el coche más el tiempo trabajando para el coche. Su libro, publicado en 1974, anticipó con precisión escalofriante la parálisis motorizada que hoy llamamos normalidad.

Pensemos en la ecuación completa. No son solo las horas sentado en el coche —en marcha, parado en atascos, buscando aparcamiento como un perro olfateando su territorio—. Son las horas trabajando para pagar el préstamo del vehículo, el seguro que sube cada año, la gasolina que fluctúa al ritmo de guerras lejanas, el impuesto de circulación, las multas por exceso de velocidad cuando intentas recuperar el tiempo perdido, el aparcamiento del centro comercial, la revisión anual, el cambio de aceite, las pastillas de freno, ese ruido extraño que hace el motor y que el mecánico asegura que «no es nada, pero por si acaso...».

El automóvil es la mercancía perfecta: promete libertad y entrega dependencia, vende velocidad y produce parálisis, publicita aventura y ofrece rutina. Es el objeto que mejor encarna las contradicciones de nuestra civilización. Cada anuncio muestra coches deslizándose por carreteras vacías junto al mar, atravesando desiertos, conquistando montañas. La realidad es un aparcamiento de Walmart un sábado por la tarde, con familias enteras vagando entre hileras de metal caliente buscando su Toyota RAV4 gris metalizado, idéntico a otros treinta Toyotas RAV4 grises metalizados.

Los Ángeles, Houston, Phoenix, Atlanta: ciudades que se han convertido en monumentos al absurdo rodado. Destruyen barrios enteros para construir autopistas que se colapsan el mismo día de su inauguración. Diseñan suburbios donde es literalmente imposible ir a comprar leche sin coche. Se crean no-lugares —aparcamientos, gasolineras, áreas de servicio— que ocupan más espacio que los lugares reales donde supuestamente se vive.

El urbanismo del siglo xx estadounidense nos legó ciudades pensadas para coches donde los humanos son apenas tolerados como conductores. Los niños no pueden ir solos al colegio porque las calles son ríos de metal a 50 km/h. Los ancianos quedan aislados en sus casas porque cruzar una avenida requiere la agilidad de un atleta olímpico. Los ciclistas son kamikazes urbanos jugándose la vida entre puertas que se abren y autobuses que los rozan.

Y, mientras tanto, las urbes se ahogan en su propio humo. Los Ángeles tiene días en que el cielo desaparece bajo una nube marrón que hace parecer el apocalipsis como una opción razonable. Houston se inunda porque pavimentó cada centímetro de tierra que podía absorber agua. Phoenix es un horno de asfalto donde la gente corre del aparcamiento con aire acondicionado a la oficina con aire acondicionado al centro comercial con aire acondicionado, quemando combustible para sobrevivir al infierno que ellos mismos crearon.

Pero el verdadero crimen del coche no es el espacio que ocupa ni el aire que envenena: es el tiempo que devora. Esas 1.600 horas anuales que calculaba Illich son 40 semanas laborales. Un año de trabajo para moverse. Es el trabajo no remunerado más grande de la historia, y lo hacen voluntariamente, con orgullo incluso.

Lo más trágico es que en Estados Unidos han naturalizado tanto esta locura que no pueden imaginar una alternativa. Cuando alguien sugiere ciudades sin coches, reaccionan como si propusiera volver a las cavernas. «Pero ¿cómo voy a ir al trabajo?». «¿Y la compra?». «¿Y si llueve?». Como si la humanidad no hubiera sobrevivido milenios sin coches, como si Ámsterdam, Copenhague o cualquier ciudad media española fueran ficciones imposibles.

Entre tanto, Tom sigue en su atasco matutino californiano. El pódcast de productividad recomienda «aprovechar los tiempos muertos». Qué ironía. Todo su tiempo está muerto, embalsamado en un habitáculo con aire acondicionado.

Y aquí está la gran perversión: los estadounidenses llaman civilización a esto. A construir autopistas de ocho carriles que estarán en todo momento colapsadas. A invertir miles de millones en infraestructura para moverse cada vez más despacio. La barbarie moderna no llega a caballo: llega en un SUV de 2,5 toneladas para llevar a una sola persona a comprar un café.

Pero la civilización no es más asfalto, más carriles, más aparcamientos. La civilización es exactamente lo contrario: es diseñar espacios donde no necesites una máquina para vivir. Donde puedas caminar a tu trabajo, donde los niños vayan al colegio sin jugarse la vida, donde los viejos puedan comprar el pan charlando con los vecinos por el camino.

El modelo estadounidense que tanto se exportó —esos suburbios infinitos, esos centros comerciales rodeados de asfalto, esas ciudades cortadas por autopistas— no es el pináculo del progreso. Es su negación. Es confundir velocidad con vida, distancia con libertad, consumo con felicidad.

La verdadera civilización se mide en proximidad, no en kilómetros por hora. En tiempo libre, no en horas trabajando para pagar el transporte. En calles donde los niños puedan jugar, no en carreteras donde los adultos se estresan. En plazas con árboles y bancos, no en aparcamientos con asfalto y rayas blancas.

Tom apaga el pódcast. Ha avanzado doscientos metros en diez minutos. A este ritmo llegará justo a tiempo para empezar a trabajar para pagar el coche que necesita para ir a trabajar. La serpiente que se muerde la cola.

Pero existe otro modelo. Ciudades donde la gente simplemente camina, pedalea, vive. Donde el espacio público es para las personas, no para las máquinas. Donde el progreso no se mide en coches vendidos, sino en minutos caminando hasta un parque.

La barbarie es necesitar 1.600 horas al año para moverse a 6 km/h. La civilización es entender que las mejores ciudades son aquellas donde no necesitas un coche para tener una vida digna. Es así de simple. Y así de revolucionario.

Conclusión

El suelo o las alas

Los locos de hoy abren los caminos que mañana recorrerán los sabios.

DICHO POPULAR

Volvamos al principio. Al hombre que cae desde el piso 50 y se repite a sí mismo: «De momento todo va bien». Durante las páginas de este libro hemos mirado hacia abajo y hemos visto el suelo acercándose a toda velocidad. Hemos cartografiado el desastre: el colapso ecológico que avanza más rápido que nuestras predicciones, la concentración de riqueza que haría sonrojar a los faraones, la colonización de nuestra atención por algoritmos diseñados para engancharnos, la automatización que promete liberarnos mientras nos vuelve prescindibles, las democracias fatigadas que ya no consiguen ilusionar a nadie. Pero también hemos descubierto algo importante: no estamos cayendo solos. Somos millones precipitándonos juntos. Y eso, que podría ser motivo de desesperación, es en realidad nuestra única esperanza. Porque, si caemos juntos, quizá podamos frenar juntos. Quizá podamos, entre todos, construir algo parecido a unas alas.

No sé cuánto tiempo conservará este libro su vigencia. Cada mes cambian cosas que antes habrían tardado décadas. Se producen descubrimientos que lo revolucionan todo. Catástrofes que nos habrían hecho enmudecer antaño pasan ahora por nuestras pantallas como un titular más entre el fútbol y el tiempo. Cada día nos volvemos más incrédulos porque hay modelos de inteligencia artificial capaces de imitarnos con una precisión inquietante. Cada día nos volvemos más insensibles porque nos acostumbramos a ver atrocidades que antes habrían sido un escándalo y ahora son tan solo paisaje, ruido de fondo, decorado. Tal vez este libro caduque pronto. O tal vez no caduque nunca y se convierta en una ventana hacia los horrores del futuro. Para mí, eso sería un fracaso. Escribo para que estas páginas envejezcan mal. Para que dentro de veinte años alguien las lea y piense: «Qué exagerado era este tipo». Nada me haría más feliz que equivocarme.

Paul Virilio decía que quien inventa el barco inventa también el naufragio. Y tenía razón: cada tecnología trae consigo su catástrofe específica. Quien inventa el avión inventa el accidente aéreo. Quien inventa la central nuclear inventa Chernóbil. Pero la ecuación funciona también en sentido contrario: quien inventa el capitalismo inventa, sin quererlo, el socialismo. Quien inventa la explotación inventa la revuelta. Quien construye muros inventa a quienes los derriban. Marx y Engels lo entendieron perfectamente. Ellos mismos eran un producto del capitalismo que criticaban, y no tenían reparo en reconocerlo: el capitalismo había sido, hasta entonces, el sistema más revolucionario de la historia, el que más había transformado las condiciones materiales de la humanidad. Hasta que la historia necesitó un cambio. Hasta que las contradicciones internas del sistema empezaron a hacerlo insostenible. Ahora estamos en un margen parecido. Las contradicciones se acumulan. El sistema cruje. Y de cada grieta, si sabemos mirar, puede brotar algo nuevo.

Una vez escuché que los locos de hoy son quienes abren los caminos que mañana recorrerán los sabios. Oscar Wilde lo formulaba de otra manera: el progreso es la realización de las utopías. Lo que hoy parece un delirio mañana será sentido común. Pasó con la abolición de la esclavitud, que durante siglos se consideró una locura económica. Pasó con el sufragio universal, que las élites de antaño veían como el fin de la civilización. Pasó con la sanidad pública, con la educación gratuita, con los derechos laborales. Todas esas conquistas fueron primero sueños de iluminados, después reivindicaciones de radicales y finalmente obviedades que nadie discute. El horizonte del que hablaba Galeano —ese que se aleja un paso cada vez que avanzamos un paso— no es una broma cruel. Es exactamente para lo que sirve: para caminar. Para seguir avanzando. La utopía no es un destino, es una dirección. Y la dirección importa. Importa mucho. Porque no es lo mismo caminar hacia la justicia que caminar hacia la barbarie, aunque nunca lleguemos del todo a ningún sitio.

Bob Dylan decía que el hombre de éxito es quien se levanta por la mañana, se acuesta por la noche, y entre una cosa y otra hace lo que quiere hacer. Es una definición hermosa pero incompleta. Porque hacer lo que uno quiere hacer solo es posible cuando las condiciones lo permiten. Y crear esas condiciones —para uno mismo y para los demás— es precisamente la tarea política de nuestro tiempo. No se trata de esperar a que llegue la revolución. Se trata de construirla cada día, en cada decisión, en cada pequeña batalla por defender lo común frente a lo privado, lo público frente a lo mercantil, lo humano frente a lo algorítmico. Se trata de recordar que la civilización no es un estado natural, sino una conquista frágil que hay que defender y reconstruir constantemente.

El hombre que cae desde el piso 50 tiene dos opciones. Puede seguir repitiéndose «De momento todo va bien» hasta que el suelo le quite la razón. O puede mirar a su alrededor, descubrir que no está solo y empezar a coordinarse con los demás que caen. Puede empezar a pensar, colectivamente, en cómo frenar la caída. En cómo transformar la caída en vuelo. Eso es lo que hemos intentado hacer en este libro: mirar hacia abajo sin cerrar los ojos, pero también mirar alrededor y descubrir que somos muchos. Que somos, de hecho, la inmensa mayoría. Y que, si dejamos de repetirnos que todo va bien, si dejamos de competir entre nosotros mientras caemos, si comenzamos a cooperar, quizá —solo quizá— podamos cambiar el final de esta historia.

El suelo se acerca. Pero todavía hay tiempo.

BIBLIOGRAFÍA

ADORNO, T. W., *Minima Moralia: Reflexiones desde la vida dañada*, Tres Cantos, Akal, 2022.

ARENDT, H., *La condición humana*, Barcelona, Paidós, 2023.

ARIÑO, A. y Juan Romero, *La secesión de los ricos*, Barcelona, Galaxia Gutenberg, 2016.

ASIMOV, I., «Visit to the World's Fair of 2014», *The New York Times* (16 de agosto de 1964).

BAUMAN, Z. y D. Lyon, *Vigilancia líquida*, Barcelona, Paidós, 2013.

BENJAMIN, W., «Tesis sobre filosofía de la historia», *Iluminaciones I*, Madrid, Taurus, 1973.

BERARDI, F., *Después del futuro*, Madrid, Enclave de Libros, 2014.

BERRY, W., *The World-Ending Fire: The Essential Wendell Berry*, Berkeley, Counterpoint, 2017.

BILTON, N., «Steve Jobs Was a Low-Tech Parent», *The New York Times* (10 de septiembre de 2010).

BLOMKAMP, N. (director), *Elysium* (2013), TriStar Pictures.

BREGMAN, R., *Utopía para realistas*, Barcelona, Salamandra, 2017.

—, *Dignos de ser humanos: Una nueva perspectiva histórica*, Barcelona, Anagrama, 2020.

CHESTERTON, G. K., *Lo que está mal en el mundo*, Barcelona, Acantilado, 2008.

DE LA NUEZ, I., *Fantasía roja: Los intelectuales de izquierdas y la Revolución cubana*, Barcelona, Debate, 2006.

DEL TESO, E., *Más que palabras: La izquierda, el lenguaje y el relato*, Gijón, Trea, 2002.

EAGLETON, T., *La idea de cultura*, Barcelona, Paidós, 2000.

FISHER, M., *Realismo capitalista: ¿No hay alternativa?*, Buenos Aires, Caja Negra, 2016.

FREY, C. B. y M. A. Osborne, *The future of employment: How susceptible are jobs to computerisation?*, Oxford Martin School, 2013.

FUKUYAMA, F., *El fin de la historia y el último hombre*, Barcelona, Planeta, 1992.

GALEANO, E., *Las palabras andantes*, Madrid, Siglo XXI, 1993.

GALLIANO, A., *¿Por qué el capitalismo puede soñar y nosotros no?*, Madrid, Siglo XXI, 2020.

GARCÉS, M., *Nueva ilustración radical*, Barcelona, Anagrama, 2017.

GRAEBER, D., *Trabajos de mierda: Una teoría*, Barcelona, Ariel, 2018.

GRAMSCI, A., *Cuadernos de la cárcel*, Tres Cantos, Akal, 2023.

HARVEY, D., *Espacios de esperanza*, Tres Cantos, Akal, 2000.

HERRINGTON, G., «Update to limits to growth: Comparing the World3 model with empirical data», *Journal of Industrial Ecology* (2020).

HOBBES, T., *Leviatán*, Madrid, Alianza, 2018.

HUXLEY, A., *Un mundo feliz*, Barcelona, Debolsillo, 2003.

—, «Carta a George Orwell» (21 de octubre de 1949).

ILLICH, I., *Energía y equidad*, Barcelona, Barral, 1974.

ISAACSON, W., *Steve Jobs*, Barcelona, Debate, 2011.

KASSOVITZ, M. (director), *El odio* (1995), Les Productions Lazennec.

KEYNES, J. M., *Las posibilidades económicas de nuestros nietos*, Barcelona, Taurus, 2015.

KLINENBERG, E., *Heat Wave: A Social Autopsy of Disaster in Chicago*, University of Chicago Press, 2002.

KUNSTLER, J. H., *The Geography of Nowhere: The Rise and Decline of America's Man-Made Landscape*, Simon & Schuster, 1993.

LAND, N., *Fanged Noumena: Collected Writings 1987-2007*, Urbanomic, 2011.

LANIER, J., *Who Owns the Future?*, Simon & Schuster, 2013.

LE BON, G., *Psicología de las masas*, Madrid, Morata, 2005.

LE GUIN, U. K., *La mano izquierda de la oscuridad* (Introducción), Barcelona, Minotauro, 2020.

LUXEMBURGO, R., *La crisis de la socialdemocracia*, Tres Cantos, Akal, 2027.

MACCURDY, J. T., *The Structure of Morale*, Cambridge University Press, 1943.

MALTHUS, T. R., *Ensayo sobre el principio de la población* (1798).

MAZZUCATO, M., *Misión economía: Una guía para cambiar el capitalismo*, Barcelona, Taurus, 2021.

MEADOWS, D. H., D. L. Meadows, J. Randers y W. W. Behrens, *Los límites del crecimiento*, Madrid, Fondo de Cultura Económica, 1972.

Microsoft Canada, *Attention Spans: Consumer Insights*, 2015.

MOORE, J. W., *Anthropocene or Capitalocene? Nature, History, and the Crisis of Capitalism*, PM Press, 2016.

ORWELL, G., *1984*, Barcelona, Debolsillo, 2013.

PATINO, B., *La civilización de la memoria de pez: Pequeño tratado sobre el mercado de la atención*, Madrid, Alianza, 2020.

PEIRANO, M., *El enemigo conoce el sistema*, Barcelona, Debate, 2019.

—, *Contra el futuro: Resistencia ciudadana frente al feudalismo climático*, Barcelona, Debate, 2022.

PIKETTY, T., *Una breve historia de la igualdad*, Barcelona, Deusto, 2021.

Renduelos, C., *Contra la igualdad de oportunidades: Un panfleto igualitarista*, Barcelona, Seix Barral, 2020.

Rousseau, J.-J., *Discurso sobre el origen y los fundamentos de la desigualdad entre los hombres*, Madrid, Tecnos, 2005.

Rushkoff, D., *La supervivencia de los más ricos: Fantasías escapistas de los milmillonarios tecnológicos*, Madrid, Capitán Swing, 2022.

Servigne, P. y R. Stevens, *Colapsología*, Barcelona, Arpa, 2020.

Smil, V., *Growth: From Microorganisms to Megacities*, MIT Press, 2019.

Solnit, R., *Hope in the Dark: Untold Histories, Wild Possibilities*, Haymarket Books, 2016.

Stefanoni, P., *¿La rebeldía se volvió de derecha?*, Madrid, Siglo XXI, 2021.

Stiglitz, J. E., A. Sen y J. P. Fitoussi, *Mismeasuring Our Lives: Why GDP Doesn't Add Up*, The New Press, 2010.

Turner, G. M., «A comparison of The Limits to Growth with 30 years of reality», *Global Environmental Change* (2008).

Virilio, P. *La bomba informática*, Madrid, Cátedra, 2000.

Wilde, O., *El alma del hombre bajo el socialismo*, Barcelona, Arpa, 2022.

Williams, J., *Clics contra la humanidad: Libertad y resis-*

tencia en la era de la atención tecnológica, Barcelona, Gatopardo, 2021.

WILLIAMS, R., *Resources of Hope: Culture, Democracy, Socialism*, Londres, Verso, 1989.

WILSON, T. D., *et al.*, «Just think: The challenges of the disengaged mind», *Science*, 345(6192), 2014.

ZEILER, M. D., «Schedules of reinforcement: The controlling variables», *Journal of the Experimental Analysis of Behavior* (1971).